김병걸 제4시집

도마

이 도서의 국립중앙도서관 출판예정도서목록(CIP)은
서지정보유통지원시스템 홈페이지(http://seoji.nl.go.kr)와
국가자료공동목록시스템(http://www.nl.go.kr/kolisnet)에서
이용하실 수 있습니다. (CIP제어번호 : CIP2019016742)

김병걸 제4시집

도마

순수

| 목차 |

◆해설/ 채수영 · 163
◆후기 · 184

1부 안동 간고등어

나목 · 19
부엉이 · 20
칫솔 · 21
입동 · 22
도마뱀 · 23
호박 · 2 · 24
종로5가 · 25
대오 · 26
무서리 · 27
횡단보도 · 28
옥수수대궁 · 29
그믐달 · 30
방패연 · 31
시소 · 32
찌 · 33
스탠드 옷걸이 · 34
안동 간고등어 · 35

옹이 · 36
이랑 · 37
도마 · 38
잎사귀 · 39
의성의 봄 · 40

2부 숲 이야기

숲 이야기 · 1 · 47
숲 이야기 · 2 · 48
숲 이야기 · 3 · 49
숲 이야기 · 4 · 50
숲 이야기 · 5 · 51
숲 이야기 · 6 · 52
숲 이야기 · 7 · 53
숲 이야기 · 8 · 54
숲 이야기 · 9 · 55
숲 이야기 · 10 · 56
낙원동 · 57
나룻가 · 58
산에 가서 · 59
퇴고 · 60
운동장 · 61

구시포 · 62

황간역 · 63

금붕어 · 64

갈대 · 65

물푸레 나무 · 66

그예 거기서 · 67

풀씨 · 68

봄 · 69

3부 만국기

수국 · 73

걸은 · 74

만국기 · 75

빈 집 · 76

나무 밑을 보라 · 78

대관절 · 79

고염나무 · 80

이 호섭 · 81

베베 · 82

하류 · 83

나무 · 84

꽃상여 · 85

주막 · 86
의자 · 87
극장 · 88
상처 · 89
대기실 · 90
상대 · 91
세습 · 92
과일 · 93
수박밭 · 94
불갑산 상사화 · 95
서울 · 96
꽃 · 97
여자 · 98

4부 시골버스

나이테 · 101
서울내기 아내 · 102
문 · 104
벽 · 105
채소 · 106
강 · 107
수몰민 · 108

누군가가 • 110
대장간 • 111
못 보던 풀 • 112
귀 • 114
문장 • 115
시골버스 • 116
신길역 3번 출구 • 117
버섯 • 118
구두 가게 • 119
말은 다 존재한다 • 120
지지않는 꽃 • 121
낙엽에게 배우다 • 122
눈 내리는 날 • 123
동강난 길 • 124
서울을 주고 싶다 • 125
때로는 바다처럼 • 126
강이 말합니다 • 127
길이 가자는 대로 • 128

5부 삶이 여행처럼

나이 먹을수록 • 131
삶이 여행처럼 • 132

우리 동네 사람들 • 133
미시령 • 134
서울 사람 • 136
광화문 광장 • 138
마을회관 • 140
부부 • 143
고사목 • 144
나루터에서 • 146
어느 날 • 147
홍수 • 148
씩씩한 나무 • 150
푸른 집에게 • 151
분재 • 152
곶감 • 153
도금물 • 154
하심下心 • 156
제천역 • 157
부르스 • 158
새 • 159
접과 • 160
폐교 • 161
결론 • 162

1부

안동 간고등어

나목

호명도 구호도 복창도 함성도 다 떨쳐냈으니
이제 알몸이다
비로소 나는 자유다
어차피 날지 못한 날개였다면
겨드랑이에 숨길 이유도 없는 거다
세상은 한때 내게 깃발이 되라고
잎을 주고
그 깃발 흔들라고 바람을 주었지만
시시비비가 적나라한 지금은 휴식
이 적요한 평화가 언제까지일까
나무들의 속살 차는 말들이
숲에 가지런하다

부엉이

추렴은 재미 없어
편화투로 닭치기하면
살금살금 눈 오는 겨울밤
한 길 넘는 큰 눈이 새벽까지 내려
죽령도 문경새재도 버스마저 끊기고
기차는 영주 지나 단양까지 갔겠네
부엉 부엉 부엉이가 울 적이면
인간사 얼마나 어둡은 거냐고
부엉이가 우는 밤이면
도란도란한 마을에 등불도 꺼지고
들판이 끝나는 곳에서 겨울이 깊어 간다
낮게 사는 사람들의 세상이 눈처럼 희다

칫솔

식구들이 집을 비우면
칫솔들이 이마를 맞대고 아침과 저녁을
양치질한다
사람들은 각각인데 칫솔만 가지런히
때묻은 시간을 닦고
그럴 수밖에 없는 이유를 닦고
집안 걱정을 표백한다
우리의 역할은 어디까지일까
하루가 치약 물 듯 불투명하지만
거품 이는 핑계를 묻히는 거짓말과
소화가 덜 된 욕심 나부랭이의 찌꺼기를
대관절 어디까지 닦아낼 수 있는 걸까
칫솔질 안한 잇몸 구석구석에서
악다구니 쓰는 육성과
더러운 꼴 못 삭혀 곪는 소리 분주하다

입동

맞으면 더 좋고
틀려도 괜찮은 세상 살아본다
길은 한없이 어디엔가로 닿아 있고
나는 쉬지 않고 누군가에게 가고 있다
만나면 할 말 잊어도
흘러가는 강물을 나란히 바라보거나
어쩌다 산에 걸린 구름을 짚어도 보는 마음으로
우리 이렇게 함께 있으니
날이 추워져도 거뜬할 것이다
사직터널 입구에 노오란 선이 한 줄
더 그어진다

도마뱀

꼬리만 떼어 주고 몸뚱이를 살려 내는
도마뱀이 부럽다
나는 세상에게 무엇을 떼어 줘야 온전할까
오래 앉아 있으면 엉덩이가 아픈 것은
선조들이 나를 살려 낸다고
꼬리를 잘라 낸 때문이다
잘리운 도마뱀 꼬리자리에
호통이 달겨든다
좌든 우든 흔들리지 말자고
아래든 위든 까불지 말자고
얼른 꼬리를 내어 주고 도마뱀은 잘도 산다

호박 · 2

사람이 안고 갈 무게로 달린 호박 봅니다
팔이 따라갈 넝쿨로 뻗는 호박 봅니다
세상은 짜도 단맛으로 익어 가는 호박 봅니다
두엄가든 밭둑이든 담밑이든
사람 발길 닿는 곳이면 어디든
탈없이 잘 자라는 호박 봅니다
하회마을에 사는
우리 둘째 형의 맏딸 정숙이 같이 후덕하게
둥글 넓적한 세상을
한 아름 안겨 주는 호박을
하회마을 초입에서 만납니다

종로5가

서울에서 봄을 만나려면 멀리 갈 것도 없다
종로5가 보도블럭 나무시장에
옹기종기 키를 맞대고 선 어린 묘목들
그것들이 절기보다 먼저 깨어나
수런거리는 말소리 들어라

차들의 매연에도 아랑곳 않고
눈 뜨는 꽃나무 밑에
갓 부화한 병아리들이 햇살을 부르는
저 기막힌 소리
나는 사지도 않을 나무들을
반나절이나 구경하며 봄을 만진다

새끼줄에 칭칭 묶인 봄이
호송열차에 일렬종대로 실려
자대로 배치되는 신입 기간병 같다는
생각을 했다
이삿짐 실은 용달차 방금 지나갔다
마음 들킨 나무 하나 발을 구른다

대오

강물이 다 바다로 가는 건 아니다
대오 속에 잘 가다가 누군가의 귀엣말에 넘어가
중간에 도랑으로 새는 놈이 있는가 하면
논밭으로 과원으로 부역 가기도 하고
가문 날 속절없이 하늘로 불려 가기도 한다
바다까지 가려면
피 나고 아물기를 거듭하면서
굳은살이 박혀야 한다
발 다칠까 봐 스스로
모래밭을 만들어 달리는 강물의 대오
작든 크든 강은 옹이다
그 옹이가 흘린 땀방울과 눈물이
길을 만들고
그 길에 입맞춤한 이야기들이
동무를 불러 졸졸졸
바다에 닿을 때까지 대오를 유지한다

무서리

먼저 보았다고 다 갖는 건 아니다
세상법칙이 두 눈 벌겋게 뜨고 있는데도
저놈들 봐 푸성귀에도 창고에도 연필통 속에도
기어이 자기 영역이라며 오줌을 갈기네
늦가을 원두막에 뿌옇게
부엌마다 문을 따고 부뚜막 찬장문도 열어
어머니 쉰 머리칼 위에도 눌러앉다니
겨눈 곳 없는 총부리에 피는 아 아 하얀 피
거두다 만 염전에 쏟아지는 거품 뺀 분필가루

먼저 고백한다고 다 용서받는 건 아니다
무서리는 밤에만 내린다
부끄러운 죄 많아
아직은 말못 한 그것 때문에도

횡단보도

날마다 나를 건넌다
실없는 거짓말로 하루를 배회했다
아무도 동조하지 않는 거리엔
낙엽이 날리고
경찰조차 못 알아 듣는 낯선 구호와
술 취한 팔자걸음
웅변하는 나를 내가 만나기란 그리 어렵지 않다
인사동에서 광화문을 오려면 검문소가 빼곡하다
빵과 시위를 구별해야 하는
그래서 그 둘이 한몸일 수도 있다는 나를
통과해야 하는 절차다
이건 이쪽 저건 저쪽으로
나의 형체는 어디로 갔는가
족보에도 없는 내가 횡단하고 있다
아 아까부터 고장난 횡단보도의 신호등
나를 건너기도 전에
나를 버리는 나를 만나다니
그제서야 파란불이 들어오는 동아일보사 앞
순백한 말들이 깨꽃처럼 피고
비로소 빨갛게 젖는 횡단보도

옥수수대궁

등짝보다 더 큰 열매 주렁주렁 매달고
여름을 건넜다
검버섯 핀 얼굴이다
물기 빠진 다리로 짚는 하늘에
살찐 낮달이 굴러다닌다
말라 죽어가는 것이 어디 나쁘이랴
이맘때면 바람에 곡을 치는 소리
천지간에 가득한데
내 다시 어디로 가야 옳으냐
대답할 일도 없지만 묻는 이도 없다
타는 입술 내어 줄테니
속살 비워 달라고 조르던 여름 너머로
할아버지 수염이 바람 속을 걸어간다
아무 말도 말라며 열 손가락을 입에 대고

그믐달

오이도로 가려다
까닥하단 엉뚱하게 목포로 빠지는 서해안 고속도로
돌곶 인터체인지에서 바라본 하늘가
어디서더라 만난 듯도 한데
대관절 생각이 나질 않는 그믐달마냥
이지러진 얼굴 하나
가만 가만 이게 뉜가
제길헐 나였잖아

방패연

못 다 찍은 음표 하나 날립니다
나는 꼬리 잘린 채
내면의 수평을 헤엄칩니다
쏴아 쏴아 군중 속으로 점이 되어
돌아오지 못하는 메아리로 내달립니다
땅을 박차고 하늘에 떠 있으면
신들메 고쳐 맬 까닭도
기어이 이겨야 하는 이유도 없겠지요
지상의 끈을 묶은 투명한 행보
끈이 놓아 주는 만큼 무등 타다가
내가 어지럽기 전에 끈이 먼저 지치면
그때서야 하강하여
하시라도 옮길 수 있는 부점이 됩니다

시소

내가 똥구멍에 힘을 주고
엉덩방아를 찧어야
너는 하늘에 오른다
내가 밑으로 가라앉는만큼 뜨는 너는
세상이 띄워 주는 부레
알고 보니 나였구나
허파에 바람 잔뜩 넣고 기고만장하지만
이제 떨어질 차례만 남은 나였구나

혼자서는 탈 수 없는 시소
나의 반대편에
나와 똑같은 무게의 누군가가
앉아야만 살아나는

찌

영악한 놈들이다
밥만 다 먹고 놀려대는

찌처럼 기우는 내 삶의 연못
비루한 언어들이 형용사로 떠다닌다

수심이 너무 깊어도 넘어지고
얕아도 솟구쳐 넘어지니
내 수평은 어디쯤일까

찌를 맞추다가
지쳐 늘어진 한나절을 건지면
낚시줄이 당기는 무게 끝에
빈 바늘이
물고기 대신 나를 낚아
재빨리 물 위에 눕힌다

스탠드 옷걸이

그에게 내 하루 거짓과
발품한 땀냄새를 건넨다
잠든 머리맡에는 하루 노동을 치하하며
궁지에 몰린 게으름과
어눌한 한계를 고스란히 받아 주는
그가 서 있다
그이 직립에 나는 비탈지고
목에 걸었던 나의 중심
단색 넥타이가 혀를 늘어뜨리며
구린내 나는 목소리도 함께 건다

나를 광고하는 호들갑은
편집에서 가위질 당한다
아 불쌍한 나의 오리지낼리티
날지 못하는 새들이
층층 앉아 있다

안동 간고등어

초복날
내륙에 포획된 바다를 본다
소금을 버리고 온 고등어에 피는 메밀꽃 한줌
바다를 덧칠한다
하회마을과 병산서원 가는 초입 삼거리
안동 간고등어 공장에 가 봤네
바다를 건져 올린 저 손
간잽이 이동삼 어른의 재빠름도
바닷물을 굽지 못한 건 분명할터인데
촌각을 다투며 긁어 낸 내장 자리에
끽소리 말라고 틀어 쥔 주리
아 달빛의 분사
간을 쳐야 비로소 내륙을 무사히 날 수 있는
고등어의 항변이 일자로 누워 있다

옹이

옹이 몇 개쯤은 짚고 가야
열매에 손이 닿는다고
계절을 지킨 잎사귀들이 말을 건다
나무는 마을이다
나무는 세상이고 사람보다 더 영물이다
별이 돋는 나무와
달이 홰를 치는 나무를 지나면
사람들의 수작과 흥정이
가지 끝에 매달린다
우리는 안다
돌아가지 못하는 발길과 말소리와
영 어울릴 것 같지 않은
열매의 끝맛
그것들이 붙어먹어야 옹이가 됨을

이랑

빗물과 두엄을 묻은 고랑을 거느린 두둑엔
일년생 작물이 자란다

생명이 발을 내리게
몸을 일으킨 흙의 대오
흙과 농부의 약속이 이랑이다
정해진 시간만큼만 재배되는

겨울 이랑엔
바람의 비명이
그루터기를 가진 사람들의 가슴을 팬다
농사가 끝난 밭둑에 서서
고랑을 갖지 못한 두둑이거나
두둑을 세우지 않은 고랑을 닮은 나를 만난다
이랑이 되지 못한 나를

도마

상처가 나야 얼굴이다
비명을 버리면 금방 새살이 돋는다
물고기 내장을 꺼낼 때도
육질이 단단한 바다를 썰 때도
도끼눈을 세워야 한다
칼이 살아야 나도 산다
종종 피를 먹고 산다
세상에 못 버린 울음을 먹고 산다
내가 튼튼해야 하는 이유를
사람들이 먹고 산다

잎사귀

잎사귀 같은 사람이 되고 싶다
나무의 둘레만큼 자라고
나무의 키만큼 올라가서
햇살을 부르는
잎사귀 같은 사람이 되고 싶다
열매를 받쳐 주는 잎사귀
빗물을 가려 주는 잎사귀
열매의 몫까지
바람에 맞서 흔들려 주는

의성의 봄

1)
수유꽃이 봄보다 먼저 오는 의성義城은
상춘객의 발소리를 밟고 들녘이 깬다
산을 내려온 여울이 몸을 풀면
사람들은 흙에다 씨앗을 묻는다
아하 그랬구나
붓대롱에 숨겨온 목화씨를 여기에다 묻었구나

저거다 저거다 봄의 형상은
들머리마다 까치발 드는 아지랑이
안계에서 다인으로 평야를 키우면
남대천을 흘러온 물줄기 쌍계천을 휘돌더니
낙동강에 닿기 전에
넉넉한 가슴 열어 여봐란 듯이 들판을 껴안는구나
위천은 그래서 힘찬 팔뚝을 거느린 강물이 되는구나

2)
달리던 일월산맥이 꼬리 틀어
쉬어가는 오선당五仙塘 아래
쌍호雙湖들판 상전을 품에 안은 가마터 도금물陶錦勿
누에 머리 대등산大登山 자락이 내 자란 마을

자미산에 떨구는 낙조를 주으려고
무량겁無量劫을 바람같이 벼룻길 헤쳐 가는 낙동강아
너를 안고
운명으로 너를 안고
아버지의 아버지가 그 위의 아버지가
몇 굽이로 쓰러져 기어이 노을이 되고
물결이 되었구나
아하 그랬구나 저 유랑의 강이 범람하는 마을에
영욕의 세월 편편
질곡을 견디며 질펀한 갯벌로 살았구나
누룩 익는 황토집 모여
된장국 같은 정분을 엮고
한 생애를 기꺼이 묻었구나

3)
예 보다 아슬한 봉우리 본 적 있는가
마천루처럼 솟아 불법을 다스리던 도량道場에
인간사 말씨름 피운 봄볕 자지러져도
일주문一柱門은 변함 없고
고운사孤雲寺는 천년을 섰구나

대저 의성에 없는 것이 무어더뇨
일찍이 소문국召文國이 도읍으로 일군 성지에
대쪽 같은 선비 기개 누대를 이어 늠름하고
명산 유곡마다 고찰이 발원發願하고
고추에 마늘에 빛 고운 쌀에 사과가 주렁주렁이라
순후한 사람들이 넓은 들에 안기니
아하 그랬구나 넘치는 게 인심이네

4)
산은 마을과 절과 천년의 이야기를 만들고
바람과 강물이 들을 지켜
씨앗과 땀방울이 키우는 의성의 봄
안동에서
남으로 내려가는 의성은 목화인 양 따사롭다
상주에서
관수루로 건너가는 의성은 평야처럼 아늑하고
선산에서 동으로 길을 여는 의성은
선비의 풍모가 완연하다
군위에서 어깨를 맞댄 의성은 큰형처럼 든든하고
예천에서 건너보는 의성은 강처럼 속이 깊고
청송에서

쳐다보는 의성은 객토답客土畓처럼 비옥하다

의성에서 살아 보는 의성은
겨울 뚫고 자라는 마늘인가 씩씩하고
천둥답에서도 영그는 나락같이 찰지다
의성의 봄은
수유꽃보다 먼저 의성사람들 가슴에 핀다

/ 2부

숲 이야기

숲 이야기 · 1

이씨는 기슭 응달로 가시고
장씨는 봉우리 바위 옆에 서시고
옳지,옳지 남씨 형제분들은 거기 상사목 지나
움푹 패인 골짜기로 가시고
이봐요 김씨 양반 저기저기 자드락이 당신 자리라오
이제야 숲이 올시다

자기 자리를 지킬 줄 아는 풍화의 반복과
무거울 것 없는 그림자마저 내려놓는 숲의 일원들
저항 없는 멸적의 시간이 숲을 지배하면
이마에 굵은 땀방울과
걷어붙인 팔뚝의 노동으로 역사하는
건강한 언어만이 뿌리로 가고 가지로 가고
잎으로 간다
언제 봐도 숲이 올시다

숲 이야기 · 2

숲에서 쫓겨나면
막바로 풍찬노숙의 세월을 만난다
헐벗기 싫으면
어디엔가 수작을 걸어야 하고
갑이 누구든 간에
얼른 을이 되어야 한다

숲 이야기 · 3

숲에는
큰 나무가 작은 나무와 사이좋게 산다
큰 나무가 작은 나무를 두들겨 패거나
작은 나무가 큰 나무에게 여간의 경우 말고는
대들지 않는다
서로의 영역을 허락하며
살바 싸움을 하지 않는다
숲에는
큰 나무가 작은 나무와 사이 좋게 산다

숲 이야기 · 4

숲에서는
나무가 수명이 다했다고 말하지 않는다
앉아 있을 만큼 앉아 있었으니
나중 오는 누군가를 위해
자리를 내어 주는 것이다
사람만이 자리를 고집할 뿐
나무는 늙어 추한 모습을 안 보일려고
적당한 때가 오면
자리를 뜬다

숲 이야기 · 5

숲에는
아침과 협상하는 거래가 없다
권력이 없으니 추종할 동의어가 없으며
지배도 핍박도 없는 평화
질서의 구호도 따로 없다
숲에는
성지도 환락가도 없고
외상값이 널린 구멍가게도
하역의 부두도
카르텔의 노조도 없다

숲 이야기 · 6

숲에는 나무가 살고 산이 산다
나무가 떠받든 하늘이 살고
나무가 먹고 내뱉는 물이 흐른다
물은 골짜기를 만들고
풀꽃이 바람을 부른다
나무가 크는 만큼 산의 키도 자란다는 것을
숲도 알고 있다
메아리가 깊을수록 산의 음성도 쩌렁쩌렁하다는 걸
산이 알고 나무가 알고
아! 나만 모른다

숲 이야기 · 7

숲이 울창해야 하는 까닭은
땅의 포효와 바다의 거품과
사람의 버릇없는 외침이 드세기 때문이다
분별 잃은 다툼이 하늘에 곧장 닿기 전에
닿아서 박살나기 전에
숲이 알아서
하나의 소리로 모으고 다스려
땅에 가만히 내려놓는다
우리는 그 소리를 일러
바람이라고 하지 않는다

울창한 숲은 바람이 들어설 자리를 내주지 않는다

숲 이야기 · 8

흉 볼 일 없으니 당달봉사 없고
듣고 전할 말 없으니 귀머거리 없고
다들 벙어리다
좌도 우도 없는 세상
편가름도 패거리도 남의 동네 이야기려니
어깃장 놓을 줄 몰라도 되고
까치발을 들거나
선웃음 치는 예 본 적 없다
숙맥 세상 여기 있다

숲 이야기 · 9

숲은 눈 뜬 자가 보려고 하면 더 넓고
떠나야 할 이유가 생기면 길을 내어 준다
숲에는 말방울 울리는 역마도 있고
찻잔에 노을을 담는 테라스도 있고
농부의 발자국 소리를 들어야 하는 작물도 있다
그러나 숲에는
히로뽕과 바꿔 줄 위조지폐나
동원되는 부역이나 정치적인 수사가 없다
가끔은 불청객 바람이 몰려와
반란을 선동하기도 하지만
어림없는 주장으로 이내 진압된다
귀 열린 자는 안다
숲이 노래하고 가끔은 휘파람도 분다는 것을

숲 이야기 · 10

약속된 구호도 몸집를 불리지 않으면 죽는다
광화문이라는 숲
뜻글자는 어려우니
쉬우라고 훈민정음이 사는 동네에
어려운 문장을 들고 겁 없이 자리 깐
저 구호
직장과 이념과 지역을 볼모로
때로 정의를 앞세워
완장이 살고
단두대를 세우는 곳이 광화문이다

그 전에도 또 그 전에도 서러운 역사 숱했거늘
세종이 놀라고 이순신이 놀란다

이 나라 백성 누구든
광화문에 오면 애국자가 된다
태극기를 들어도 애국자고
촛불을 들어도 애국자다
진짜 힘센 놈이 누군지 헷갈리는 광화문
뒷배 없어도 겁 버린 노동조합이 살고
눈치 빠른 정치가 살고
주소가 이 곳인 내가 산다
날마다 상주가 되는 애국자가 산다

낙원동

탑골공원 양지녘
기침 묻은 아코디언 소리
집 나온 동무들이 모이면
자판기 커피를 빼고
때 절인 유행가도 반절은 빼고
늘그막한 얼굴 위로 드는 가을볕
어제처럼 또 부고訃告가 배달되고
천안에서 공짜 전철 타고 온 노인 서넛이
묵은 김치 같은 뒷맛을 남기고
마른 바람으로
황망히 돌아가는 낙원동

나룻가

사람이 죽으면 강으로 간다는 말
나룻가에서 살아 보면 안다
강 중간 어딘가 푸른 대문이 있고
물살이 숨을 죽인 그 곳이 안마당이란 것과
동네사람들이나 알아 듣는 억양으로
물줄기가 길을 낸다는 것을

산에 가서

산에 가서 일년생 풀이던 것이 자라
어느 새 나무가 된
나의 편견과 오만을 버리고 오자
빈 배낭에다
멀미나는 세상 구석구석을 둘러보고 온 바람과
술에 취한 가을의 단풍과
정상을 오르는 굵은 땀방울
뒤따라가도 안심할 발자욱과
부지런히 산과 소통한 사람의 길은 물론이고
오르다 숨차서 흘린 누군가의 뜬금없는 이야기와
기어이 꼭대기에 올라야 하는 서두름까지
산을 고스란히 담아 오자
왜 산에 가냐고 묻지 말자
너와 나의 이마에 쓰여진 같은 글귀
산이 나보다 높기 때문에

퇴고

감자는 여름에 먹게 태어난다
뜨거운 날 내장을 꺼낸 감자를 삶아
소금 간을 치고 한 입 물면
여름을 껍질 벗기는 것 같아 눈을 질근 감는다
하품하듯 붕붕거리며 중앙선 기적이 도착하면
뭐든 첫물만 좌대에 올린다는 풍기장
삼복더위가 유세遊說 떠는 이맘때면
인삼보다 감자가 더 약발 쓴다

낭낭한 햇살이 처마 끝에 부리를 박고
재잘거리는 점심나절이거나
눈이 수북 쌓이는 겨울밤이 까닭없이 길어지면
고구마는 바람 숭숭해도 야참으로 삶아지고
식을 대로 식어진 이야기 속에 몸을 벗는다
산이 높은 단양읍에선
끝물이래야 속살이 더 깊다는 고구마
여름엔 뜨거운 감자가
겨울이면 차가운 고구마가
자주 껍질이 벗겨진다
퇴고마냥

운동장

운동장엔
화단에 못 끼여 수줍은 오랑캐꽃만 사느냐
체육시간마다 등수를 달리는 줄만 사느냐
아니다
청군 이겨라 백군 이겨라 목 터지는 편싸움도 산다
아이들 책 읽는 소리와
선생님 호통이 앞서거니 뒤서거니
철봉에 매달리는 날이면
운동장은 작아지기도 하고 커지기도 한다
달력에 빨간 날이나
주말을 빼고는
선생님의 운동장엔 졸음 겨운 아이들이 서 있고
학생들 운동장에는 호르라기 입에 문
선생님이 서 계신다

구시포

가을길에 마른 풀꽃으로 서 있다가
길이 끝나는 노을에 기대
저무는 하루가 되네
구시포로 가는 민둥산 서넛을 지나면
모퉁이에 얹히는 갯바람이 길을 앞서네
지나온 김제 부안 지평선이 사라질 무렵이면
발자락은 구시포
해넘이 파도에 반짝이는 건 시간이 아니다
일몰을 준비하는 또 다른 바다다
그 바다에 매단 사람들의 처연한 눈물이다
바다보다 깊어 못 버린 누군가의 울음이란 걸
구시포는 안다

황간역

구름마저 산이 되는
추풍령을 넘자면
바람이 돌려세운 발길에
나지막히 서 있는 황간역
예매할 시간도
배정받지 않은 역사엔
살 만큼 산 노인네 서넛이
"살면서 하고픈 말 어디까지 할 수 있을까"
역방향을 안고 가는 열차 쏜살같은데
후두둑 나그네 어깨 위에 떨어지는 빗방울
아무도 내리지 않는 철길이 적막하다
그러고 보니 아까부터
더는 갈 곳 없는
너하고 나만 남았구나

금붕어

밑줄 친 문장 하나 물에 떠 있다
먹물 친 나무에 박힌 못이 달달 떤다
무늬들이 일제히 일어나 제비꽃 언덕으로 달리고
뒷전이 된 염전 물레방아가 며칠 째
헛바퀴를 돌린다
아 사람 사는 일이 저리도 한가할 수 있다면…
오늘은 멀리 수유리 우체국까지 일부러 가서
답장이 올 리 만무한 편지를 부쳤다
줄무늬 빨간 금붕어가
내 사념의 정수리에 둥둥 떠다닌다

갈대

순천만에 사는 갈대가
을숙도에 사는 갈대가
홍제천변에 사는 갈대가
밤마다 선잠을 자며 제 속을 비우네
쓰러지지 않으려고
부러지지 않으려고
드러눕는 저 부지런한 속울음
그리하여 바람에 맞서는
갈대의 안간힘을 나만 못 보네

물푸레 나무

부락민이 되기 위해 말수를 줄였다
목소리 크기도 억양도 닮아야 한다
내색 않고 요리조리
부딪치지 않으려고 요리조리 틀어
목까지 휘어 올라간 물푸레 나무의 하늘
울음 대신 지극한 하늘의 말씀이 걸린 오후
"너 혼자 살려고 발버둥치면 모두가 다 죽는다"
숲에는 새살 돋는 상처의 안간힘이
뿌리에 흥건하다

그예 거기서

찰박찰박 물결로 내게 오랬더니
그예 거기서
그예 거기서 너 섬이 되었구나
그도 아니면 갈매기라도 되어
내게 오랬더니
그예 거기서
그예 거기서 너 동백이 되었구나
남해 다도가 빨간 이유를 알았다

풀씨

익명의 구호로 날아다닌다
길 없어도 가야만 하는 사연들이
용케도 뿌리내리는 풀씨의 영토
등을 보이면 공격당하는 멧돼지도 안 보이고
불러 놓고 추궁하는 교무실도 없다

머물고 싶으면 에라 모르겠다 머물고
건너뛰고 싶으면 단박에 건너뛰는
풀씨의 반란이 분주하다

봄

계절은 봄
복사꽃 흐드러진 반나절을
뻐꾸기 울음 같은
띄엄 띄엄 문장으로
발맞추는 오와 열이 끝나는 지점에
내가 꺾은 봄이
분별없이 흩어진다

3부

만국기

수국

꽃 보라고 잎들이 몸을 숨긴다
꽃 보라고 가지들이 키를 낮춘다
사람들도 저랬으면 좋으련만
설사 꽃이 지더라도
잎들의 무성한 이야기와
가지가 내어 주는 바람이며 햇살이
얼마나 넉넉한가
잎새와 가지들은
이 담에 필 꽃 보라고
더 크고 환한 꽃 실컷 보라고
제 몸을 살찌우고 주변을 튼튼히 한다
이번 수국은 유별 영리하다

걸乞

너는 버꾸재비가 되고
너는 버나재비가 되렴
이도 저도 아닌 나는
새가 되고픈 사람이거나
집도 절도 없이 떠도는 나그네이거나
변변한 이름 하나 갖지 못한
그저 아무개일지니

만국기

폐교의 운동장은 태평양보다 넓다
운동회날 걸었던 만국기가 사는 운동장 곳곳
수업을 알리는 종소리 스물 스물 기어 나오네
물조리 혼자 코박은 교무실 앞 화단엔
제멋대로 자라다 만 꽃대에 무당벌레가 새끼를 친다
청군이 이기든 백군이 이기든
기마전 같은 세상은 여전한데
내 다닌 쌍호초등학교는 기어이 문을 닫는구나
철봉 아래 걸었던 솥단지에 옥수수 가루도
누군가가 야단맞은 분필가루도
아직 저리 분분하거늘
우리들의 말문을 쓰던 칠판도
그예 세월이 지우고 마는구나

조회 때 점호소리 뒤로 하고
너와 나는 뿔뿔이 점이 되어 떠나와
등수 다투는 운동장으로 살았던 것 같은데
이제 어디 가서
청군이 될 거나 백군이 될 거나
땡 땡 수업을 알리는 종소리 쟁쟁한 오후
나는 만국기가 되어
운동장에 펄럭인다

빈 집

수삼 년을 찾지 않았더니
텃밭 모과나무 해걸이를 하는지
두 갠가 달렸고 잎사귀만 촘촘하다
작년에 앉은뱅이로 살다가
저절로 자란 두엄가 호박덩이마냥
무슨 마음인지는 몰라도
좌우지간 나도 뒹굴고

들어주는 이 누구라고
뭐라고 뭐라고 혼잣말 흘리며
띄엄 띄엄 걸어
빈 집의 문고리를 흔들어 본다
누가 있나 궁금할 것도 없으련만
두어 번 더 흔들어 보고
부엌 아궁이에 숨 꺼진 재도 슬쩍 건드려 보고
마루에 앉아
나처럼 집 나간 제비집도 힐끔 보고

그래 나도 잊혀진거야
천지간에 영원한 게 어딨어

무너진 구들장만큼 그리움도 저무는 거지
어디가 앞인지 뒤지
자리를 바꿔 앉은 것도 같은 빈 집과 텃밭
조붓한 길에
늦여름비 잘근거리는 해거름녘
빗소리보다 빨리 바깥마당에 들어서는데
어라 초등학교 때도 중학 다닐 때도 보았던
그 두꺼비 두 눈 멀뚱 세우고
왜 이제 왔냐고 따지듯 고갤 끄덕이네
아버지에 아버지
그 위에 아버지에 아버지가
혹시?
딱지치기 놀던 그 자리 마구 자란 개망초와
뒤엉킨 질경이들이
밟아도 살아나는 그 질경이들이
우루루 동네사람들이 되어 나를 붙든다
야야 이 집 주인이 너란 사실을
잊은 사람 여기 아무도 없다
암만 암만

나무 밑을 보라

나무 밑을 보라
거기 저를 매단 나무 품에서
한 발짝도 떨어지지 않으려고 모여 있는
낙엽을 보라
눕거나 앉아 옆나무는 거들떠도 안 보는 저 낙엽들
바람이 수시로 와서
감언이설로 꼬드겨도
한사코 제 자리를 지킨다

끝내 거름이 되고져
저를 키운 어미 나무에게
죽어서도 온몸을 바치는 낙엽을 보라
나무 밑을 보라

대관절

정확하게 반으로 쪼개야 하는 도끼만 보면
둘 사일 붙이려고 못이라도 박아야 하는 망치만 보면
그 못을 빼내야 직성이 풀리는 장도리만 보면
다 좋게 할려고 저러는 연장만 보면
나도 누군가를 불러내던지
찾아가던지 둘 중 하나
나를 어떡할 건지
저 연장만 보면

고염나무

지번은 몰라도 좋았다
그냥 고염나무가 서 있으면 좋았다
감나무가 되지 못하고 늙어버린 고염나무
그 분함 달래려고 감 떨어진 겨울에도
나무에 사는 고염을
감보다 열배는 더 달다는 고염을 달고 사는 나무

평수는 몰라도 좋았다
고염나무가 그것도 두 그루나 있는 집이면
방이 두 개든 세 개든
쪽문 미닫이가 있든 말든
기왕이면 우물가가 있는 담벼락에 서서
살구나무가 아니더라도
석류나무가 아니더라도
겨우내 악착같이 매달린 고염을
두 단지나 따는 고염나무 집이면
아무 말 않고 들어가 실컷 살래요

이 호섭

매번 1시간 늦다
나는 또 1시간 먼저 가서 기다린다
약속은 12시
누가 등 뒤서 총 든 것도 아닌데
난 11시에 가고
잘난 이 친구는 1시에 온다
우리가 1시간씩 보태서 만든 2시간
2시간의 틈은 천금의 시간이고
비로소 내 시간이다

그랬는데
이 친구 방송인이 되더니만
제 시간에 칼 같이 나타난다
그가 정확해 질수록 내 시간이 2시간이나
도망갔다
에이
모순이다

베베

현관을 들어서기가 무섭게 달겨들어
내 양말부터 벗기는 베베
하얀 푸들 베베가 우리집에 온 지도 4년이다
손바닥만하던 생후 29일 짜리가
신문지를 펴니 오줌을 가리던 베베가
온 식구에게 냄새를 묻혀 놓고
발자욱 소리까지 입력해 놓고
이따금 사랑을 확인하고
충성맹세며 하이파이브도 하며 재롱을 떤다

현관 밖에 누가 왔는지
자면서도 귀신같이 알아내는
베베 때문에 초인종은 잊어도 된다
베베는 우리의 초인종이고
우리는 기꺼이 베베의 우체부가 되어주기도 하지만
어쩌나
내가
널 잡아 둘 양말이 너에겐 없으니

하류

강물이 다 하류로 갔을까
물고기들은 꾸역꾸역 상류로 거슬러 오르는데
우리가 버린 세월과 사연이
강물이 되어
삐죽 튀어나온 바위에 부딪쳐 피멍울 들다가
모래 속에 쳐박혀 눈도 못 뜬 채로
하류까지 갔을까
비몽사몽 하류까지 가긴 갔을까

나무

가지가 저리 많아도
제 다리를 남에게 얹는 법은 없네
사이 좋게
햇살도 비켜 주고
바람도 내어 주고
동서남북 방향까지 지켜 주며
가지런히 크는 나무
각각의 하늘이 달라도
손 뻗을 땐 뻗을 줄 알고
안 보이는 뿌리까지 질서정연한
나무

꽃상여

강 건너 순천 김씨네 종가집 꽃상여가
낙동강을 즈려밟고
강기슭 벼랑 위 오랑캐꽃을 지나
어어야 어어야 산으로 오르던 날
부르지도 않았는데 곡을 하는 저 뻐꾹새
이승과 저승 사이에
이리도 한가한 날 있다니
나는 길을 세우고 한참을 구경한다

갈 사람은 가도
산 사람은
목숨만큼 아까운
그 뭔가를 죽을힘 다해 붙잡고
산뻐꾹새 날개로 산을 날고
들뽕나무 울음으로 들을 지나
장사 치는 상여꾼과 문상객들이
망자를 추억하며 삼삼오오
저승에서 이승으로 발을 옮긴다
잃을 것 없는 길을
잘도 든다

주막

"도마 위 생선이 칼 무서워 하겠어요"
누가 그랬는지는 모르지만
왜 그 말 했는지는 내 알바는 아니지만
술타령에 엎어진
지린내 밴 이불 널린 대낮 주점
만만한 배포끼리 패를 짜서
뭔가 수작을 꾸미고 있다
얼핏 들으니 영농조합 일인 것도 같고
저들 중 누군가가 궁지에 몰린 모양이다
나하고는 아무 상관 없다며 돌아서려는데
아까하고는 다른 목소리
"방구들이 뜨겁지 않으면 난로라도 피워야지요"
선문답 같은 저 소리가 몇 해는 갈 것도 같다
궁금하기도 하지만 왠지
내 처지를 두고 하는 말 같아서

의자

의자가 너무 폭신하고 뒤로 잘 자빠져서
낮고 딱딱한 걸로 바꾸었다
내 몸의 높이가 낮아진 의자만큼 웃자라
허리를 곧추세웠다
의자를 잘 앉아야 오래 산다는 말
허리를 두고 한 말이련만
처세를 이르는 것 같아
앉을 때마다 어딜 가도 무거운 게 단점인
내 엉덩일 자꾸 만져 본다
너무 오래 앉아 있으면
무슨 의자든 탈이 난다고 나름 생각하면서
다시 바꿀 의자를 그려 본다

극장

예고편 없는 영화가 어딨냐고 극장에 항의하지만
음소거 동영상이다
청문회는 폼
짐짓 언론에 흘려 여론을 들어보긴 했지만
그도 형식
도무지 이 극장은 수순이 없다
관객은 오든 말든 수입과는 상관없는 경영을
대체 어디서 배워 온 걸까
오늘도 짜여진 시나리오에 배우가 동원되고
투덜대는 관객은 쫓겨난다
참 이상한 극장이다
2019년

상처

만질수록 덧나는 상처 있다
비명을 지운 상처 있다
그 어떤 문장도 서너 번은 고쳤다
마침표를 찍지 못한
누군가의 인생 있다
월세 못내 보증금 까먹는 막내의 울음 있다
신문지를 덮어쓰고
말하기도 지쳤다며 마스크를 쓰고
하루 종일을 묵언시위가
정부청사에도 서울지방경찰청 정문에도 있다
광화문에 살면서
유소작위有所作爲를 모르니까
분 안 풀린 상처를 본다
대들어도 대꾸 않는 저 상처
요즘 들어 부쩍 더 심해진 상처가
이조정궁 광화문에 날마다 내걸린다

대기실

악기상가에 대기실이 없어졌다
노래반주기가 나오고부터
악사들이 쫓겨났다
악사들은 어디서 악기를 닦고 있는가
배운 도둑질이라곤 그것밖에 모르는데

허리우드 극장에선 악사 없이 MR을 튼 공연이 한창이다
대기실 없는 세상을 사는 것 같아 바쁘다
나는 누구의 흥을 돋우는 악사였을까
박자가 맞긴 맞는가
엉뚱한 호흡으로 반주하는 건 아닌가
긴가민가 또 하루가 간다

상대

보일러 회사도 에어컨을 만든다는 사실
오월동주가 세상이고
칡넝쿨처럼 서로 다리 얹고 사는 거다
상대를 인정하면 편하다
설령 없어도 있다고 치자
내가 웅덩일 파면 그도 웅덩일 파고
내가 높새바람을 부르면 그도 높새바람을 부르고
아니다 싶어 내가 기권하면
그가 먼저 쉬고 있다
그가 가는 길에 내 신발이 문수를 보이며
가고 있다

내가 그를 편집하면 그도 날 가차없이 가위질한다

세습

"떡이 나와 밥이 나와" 아버지가 내게 하신 말씀
지금은 내가 아들에게 하고 있다
"떡이 나와 밥이 나와"
월급쟁이도 아니면서 어디선가 날밤을 까고
새벽녘에 귀가하는 녀석에게
날선 꾸중을 할까 하다가
무언의 항의만 했는데
그 날 따라 마침 눈이 마주치길래
"야 뭔지는 묻지 않겠다만
떡이 나와 밥이 나와"

세월 흘러
아들도 아들에게 말하겠지
"떡이 나와 밥이 나와"
3대의 쓴소리를 흰소리로 알아 듣는
아들이 또 아들을 낳는다
"떡이 나와 밥이 나와"
말도 세습 된다

과일

가지에서 꼭지를 따는 순간 과일은 상품이다
맛과 향은 되도록 오래 유지해야 하는 상품이다
가지에 달려 있을 때는 주인이 관리하지만
상품이 되는 순간 구매자의 보호로 지켜내야 한다
흠집이 나면 상품이 아니듯이
상품이 아니면 과일이 아니듯이

수박밭

수박밭에서
겉과 속이 다른 게 수박인지라
속아서 따고 버리는 게 부지기다
내가 하루에 버리는 수박이 몇 개나 될까
몰라서 버리고
알면서도 버리는 나라는 수박이
두둑이 아닌 고랑 여기저기서
발길에 차인다

불갑산 상사화

칠산대교에서 건너오든
영광대교에서 건너오든
잘만 보이데 상사화
백수 해안도로 해풍이 어디까지 가는지
자네 아는가
저 불갑산 상사화 빛깔이며 향기가
해풍이 날아가는데까지 따라간다는 걸
아는가 이 말이야
오매불망 했던 거시기가 서울 간 뒤
소식이 깜깜하다 이 말이지
저 환장할 상사화가 일곱 번은 피고 졌구만
틀림 없당 게 잊어버린 겨
불쌍도 허제 누구 보라고 저리도 붉은 순정
온 산에 걸어 놨냐고

불갑산엔 부처님의 불갑사가 살고
일구월심 두 손 비는 중생이 살고
믿거나 말거나 상사화가 미친 듯이 산다

서울

그날 달 같은 밤을 두고 고향을 떴다
볼 맨 기적소리 몇 발자국 두고 내렸다
희망이 걸린 서울이면 어디든 다 좋았다
왜 서울이냐고 살면서 알 게 됐다
서서 울 일 많으니까 서울인 걸 알았을 땐
이미 서울 사람이었지만

서울에 살면서도 서울이 그리웠다

서울역에도 용산역에도
청량리역에도 서울은 있었다
거기 두고 온 고향의 달 같은 밤이 있었다
무슨 꿈을 그려도
참한 서울이 있었다

꽃

4월엔 라일락이었다가
5월엔 장미였다가
한참을 바람으로 쏘다니다가
장마가 끝날 무렵 잠이 덜 깬 나팔꽃이였다가
9,10월엔 들국이다가 황국이다가
질기게도 사는 구나 내 가슴에 피어
지지 않는 너

나이 따라 피는 분 냄새
마음 내킨대로 눈화장하고
암내도 솔솔 흘리는 저 앙큼한 년
잡는 것도 가지가지

수더분한 몸매로 박속 같은 웃음이다가
곁도 주지 않는 온통 가시였다가

여자

여자가
아래 앞니 중간 두 개가
갈색이면 쉰이 넘었다
턱살이 두 겹이면 예순을 채웠다
주름은 대개가 가로로 패이는데
윗입술 인중에 세로로 여러 줄이 그어지면
더러 쉰이기도 하고 예순을 넘겼다

사는 모양에 따라 얼굴도 변하지만
그것들에 상관없이
10촉 백열전구 같은 옛날이나 자주 들추고
어떤 바지를 입어도 엉덩이가
가을 피라미 한 마리가 살만큼 헐렁해졌거나
묻지도 않았는데
키가 2센치는 줄었다고 핑계대면
그 여자는 볼장 다 본 연세다

저는 여기까지입니다
누가 남자에 대해서 말해 주십시오

4부

시골버스

나이테

나이가 드니까 봄이 노루꼬리만 하다
나이가 자꾸 들면서
여름도 봉선화 꽃잎 지듯 짧고
가을은 장대 끝에 앉은 잠자리 날개마냥 짧고
겨울도 처마에 매달린 노을처럼 짧다
나무의 나이테가
안으로 들어갈수록 좁아진 이유를
저녁나절에야 알았다

서울내기 아내

나이 들수록
큰 병원 옆에 살아야 한다는
서울내기 아내의 논리에 맞서기 싫어
산골 공기는 돈 주고도 못 사고
발 닿는 아무 데고 파면 물 나온다고
에둘러 고향 가자고 노래하면
봄꿈 같은 소리 말라며
서울내기 아내는 꿈쩍 않고 핀잔이다

서울내기 내 아내는
전쟁통에 피난 행렬 같은 명절 말고
한가한 날 며칠 가서
푸성귀나 따고
고지서를 돌리는 우체부도 보이지 않는
고샅길 시골을 그릴 뿐이다

그런 아내한테
농사란 절기를 맞추는 날씨 같은 것이며
거름에는 농부의 땀방울도 섞어야 하고
허겁지겁한 세월도 섞어야 하고
밭고랑엔 발자국 소리까지 찍는 거라고 말했다가

시골살이가 얼마나 부지런 떨어야 하는지
칭찬인지 투정인지
공연한 내 속내만 들키고 말았다
서울시 종로구 사직동 9번지
경복궁과 정부 종합청사를 왼편에 두고
경희궁을 머리 뒤에 두고
인왕산과 북악산을 아침마다 보면서
퇴계와 사임당 동상이 나란한 사직공원을
정원으로 둔
내 집
서울대병원과 신촌 세브란스와 강북삼성병원과
적십자병원이
5분 10분 거리니 나도 꽤나 오래 살겠다
서울내기 아내의 말대로
나이 들면 큰 병원 옆에서 살아야 한다며

문

저 문
들어오라고 단 건지
열고 나가라고 단 건지
분명 안에서 한 짓 같은데
가만 생각해 보니
밖에서 한 짓 같기도 하고

벽

벽은 높이로 말하면 안 된다
그렇다고 해서 두께로 말해서도 안 된다
어차피 넘어서도 뚫어서도 안 되는 게 벽이다
세운 사람이 받아 내는 약속이
벽이기 때문이다

채소

고구마면 어때
감자면 어때
어차피 둘 다 따는 게 아니고
캐는 건데

자연책에 보니까
캐는 건 채소고
따는 건 열매

오늘 이 시간은 채소에 대해서입니다

강

강은 10년마다 줄기를 바꾼다
유속이나 굵기에 관계없이
지도를 새로 그린다
나는 강마을에서 자라 이 사실을 알고 있다
헌데
나는 왜 단 한 번도 나를 바꾸지 못하는 걸까
흐를 줄 몰라서일까
깊이를 가지지 못해서일까

줄기를 가진 강도 못되면서
갈지자로 떠밀려가는 나

수몰민

안동댐 목 좋은 곳에서 낚은
붕어 배를 가르니
십 수 년 전 수몰된 중학교의
눈 감은 종이 나오고
가을볕이 유난히도 쨍쨍하던 날
장대로 대추 털다가 뒤로 자빠져 이태를 누워 지낸
봉삼 할배의 흰 고무신짝이 나오고
건너 마을 이장댁 둘째 아들의
중학 3년 개근상장도 나오고
들에 나갈 일 없어
막걸리 추렴으로 초저녁부터 거나해진 주막
오줌 누러 나왔다가
마실 가는 초승달 꽁무니를 따라가던
섣달 열아흐레 밤이 조심스레 들어 있었다

자전거보다 더 빠르다는 무당집 넷째가
달도 별도 졸던 밤길을 연애질 하다
떨어져 죽었다는
새마을운동 때 여당 국회의원이 놓았다는
그 시멘트다리도 나왔다

붕어 배는 하루도 거르지 않고 수만 번을 갈라진다

조상 산소마저 빼앗긴 수몰민이 되어도
자식들은 씩씩하게 자라
판사도 교수도 난다
어디서 살든 반짝이는 갑옷을 입은
붕어처럼
빠져 죽지 않고 잘도 헤엄치면서

누군가가

나보다 먼저 밟은 발자국 있어
내 땅 아니다
나보다 먼저 잡은 문고리 있어
내 집 아니다
내가 너무 가난해 울 힘조차 없을 때
내가 너무 무지해 낄 엄두조차 못 낼 때
나보다 먼저 용기를 낸 누군가에게
이것도
저것도
다 당신 거라며 승복할 수 있다고
믿어 주고 싶은 날도
나보다 먼저인
그 누군가가 있다

대장간

장미전쟁이든
아편전쟁이든
동족상잔이든
전장에서 피 흘려 사는 창과 칼을 빚는
대장간에서
나는 뭣이고 너는 뭣인가

떠돌이 별이 내릴 곳을 찾는 밤
내 지구는 휴전 중이다
언제든, 원수야 내 총칼을 받으라고
대기해야 하는 막사
징집된 나는
군번이나 계급장이 없어도
부르면 즉시 출동해야 한다

천지가 전장이고
천지가 막사인 나라에
나는 창이 되었다가 칼이 되었다가
떠돌이 별이 되어
대장간에 누운
어느 병사의 심장에 떨어진다

못 보던 풀

세상 자세히 보셔요
이마 위에 물수건이라도 얹어 줘야 할 사람
누워 있어요

이혼한 아들이
맡기고 간 손주 학교 보낸 뒤
봄을 뜯은
쑥이며 냉이랑
봄동 몇 장을
길바닥에 들고 나온
할머니 앞에
진달래 피운다고
산에 가던 바람이 조심스레 앉아 있어요

세상 자세히 보셔요
순번이 오질 않는 날일 나와
신문지에 만 잎담배로
아침을 피우는 아저씨 공사판을 서성이고 있어요

못 보던 풀이
때없이 우거지는 세상밭엔

약초만 사나요
채소만 사나요
못 보던 풀도 서럽게 산다구요

귀

임진왜란 때 왜군이 베어갔다는 조선의 귀
그들은 왜 귀를 잘랐을까
입보다 귀가 높이 달렸기 때문이다
고니시 유키나가가 가토 기요마사가
구로나 나가마사가 조선의 어디를 베고 능욕했는지
듣지를 못했으니 무슨 말을 옮기랴
동서남북으로 쫓기던 그 임진왜란 때
눈 멀쩡 뜨고 보긴 했어도
귀 짤려 옮긴 말 없으니
내 오늘
이순신의 난중일기나
서애의 징비록을 읽을 밖에

문장

그늘을 만들지 못하는 나무는
여름에게 쫓겨납니다

운석을 찾는 한
강가에서 최고로 잘 생긴 돌도 버려집니다

삶이 다 여름나무고 운석입니다

이거라고 단어를 정의하진 못해도
우리는 서로가 원하는 문장을 알고 있습니다

그늘을 가진 여름나무와
주우면 팔자 고치는 운석을
부지런히 찾다 보면
나무는 가지도 더 치고 새잎이 돋아
누가 알아요
운석이 조용히 거기 숨었을지도

시골버스

시골버스가 왜 좋냐구요
똥 마려우면 내려도 주고요
줄무늬 개똥참외밭을 지날 적이면 세워도 줘요
탈 손님이 없어도 약방 앞이나
서는 데 아니어도
참기름 짜는 정미소가 보이거나
누군가가 일어설 기미라도 보이면
끼익하고 문이 알아서 열려요
서울에서 달리든 광주에서 달리든
도시버스의 문은 운전수의 것이지만
시골버스의 문은 승객의 것이죠
말하지 않아도 오라이
말하지 않아도 스톱

시골버스를 타고 한두 시간 쯤 가 보고 싶다

신길역 3번 출구

5호선 신길역 3번 출구
올라오는 에스컬레이터만 있고
86 계단이 급경사로 내려간다
신길역 3번 출구에 오면
내려가는 게 훨씬 어렵다는 걸 확인한다
올라가는 길은 쉬어도 가지만
내려가는 길은 한순간이다
삐긋하다 보면
정신줄 놓는 낙상도 왕왕 있다

누군지는 모르지만
참 영특한 자다
내려가는 에스컬레이터를 뺀

버섯

나무가 죽으면 버섯이 산다
나무의 혼령이 버섯이다
주검을 먹고 자라는 버섯인지라
나무가 곱게 죽을수록 영험한 버섯이 자란다
긴 세월 나무가 받아 낸 풍상의
보상을 버섯이 상속받아
이슬을 먹고
산기운을 먹고
누군가의 간절한 기도를 먹고
마침내
암까지 물리치는 신비한 약초가 된다
처방문을 줄줄 외는 약국이 된다

구두 가게

구두 가게는 구두 가게끼리 모여야 산다고
외쳤지만
자신이 을인지도 모르고
갑인 줄 알고
선택권을 손님에게 주지 않겠다며
너도 나도 불모지에 개점했다
금강은 동으로
에스콰이어는 서로
댄디나 미소피는 남으로 북으로
뿔뿔이 흩어져
백성 하나 따르지 않는 왕이 된 구두 가게
구두가 운동화에 밀린 첫 번째 원인이다

염천교에는 수제화 가게들이
손님이 왕이라며 수십 년을
손 맞잡고 줄기차게 산다

말은 다 존재한다

말은 다 존재한다
누군가가 지어낸 말도
몽상가의 말도
소 간을 빼는 푸줏간의 말도
인왕산에 무당이 하는 소리도
필경 어디선가 살고 있다
아무 말을 뇌까려도
그 말이 존재하는 이 세상
말이 씨가 되는 건 아니다
사람이 말보다 늦기 때문에
이길 수 없기 때문에
이미 있는 것을 우리가 부를 뿐이다

지금부터는 말을 조심해야 겠다

지지않는 꽃

오래 쳐다보는 놈이 이긴다
꽃도 오래 버틴 꽃이 쫓겨나지 않는다
봄에 핀 꽃이 봄과 함께 졌다
여름을 찾아온 꽃이 여름을 피고 갔다
가을에 피는 꽃은 가을에 졌다
이윽고 겨울
지지않는 꽃이 내 방안 사방으로 피었다
문양도 가지가지
향기는 알아서 맡으라고 숨겨놓은 꽃
벽지에 활짝 피었다

낙엽에게 배우다

낮에 지면 들킬까 봐
노을이 머릴 내밀 때 준비하고 있다가
그 노을 꼬리를 감추자
우아하게 떨어지는 낙엽

낙엽마저 저러할진데
간밤 누군가가 한생을 낙엽지듯
부음을 놓고 갔다
더 추하기 전에 더 바스라지기 전에
불어오는 바람을 핑계 삼아
사라졌다

단 한 번도
제 이름 단 문패를 가져보지 못한
막냇동생의 가난한 60이 서러운 날
나만의 햇볕도 바람도 별도 달도
가져보지 못하고 낙엽이 된
그의 삶이 더는 상처 나지 않고
떠날 수 있기를 기도한다

영원한 안식을 찾아
내려서는 낙엽의 문지방이
오늘 따라 낮아 뵈는 날

눈 내리는 날

눈 내리는 날
당신이 걸어간 발자국 위에
내 발자국을 찍고 싶습니다
가다가 당신이 만난 풀꽃과 산짐승
그래서 주춤거린 그 호흡까지도 읽어 내고
이 지극한 나의 마음을 시샘하여
누군가 눈보라를 더하거나
바람을 보내
당신이 간 길을 지운다 하여도
나는 눈 감고도 따라갈 수 있습니다
당신이 마지막으로 머문 거기가
내 가슴이었다는 걸 알기 때문에
눈 내리는 날이
난 너무도 좋습니다

동강난 길

더는 못 가는 길이 있습니다
지워진 길에 세월이 쌓입니다
강도 울음을 잊었나 봅니다
말머리를 돌립니다
편자는 빼도 됩니다
끊긴 다리 입구엔
팔만대장경보다 더 긴 편지들이 수천 수만 개
매달려 기러기처럼 앉아 있습니다

남과 북 정상이 만났습니다
곧 길이 이어질 것도 같습니다

지금 보고 있는
동강난 이 길을
통일이 와서
내 아들은 몰랐으면 좋겠습니다

서울을 주고 싶다

아들에게
나의 서울을 주고 싶다
궁벽한 산골 강마을에서
피 터지고 무릎 깨지며 40년을 달려
겨우 산 나의 서울을
물려주고 싶다
서울에서 태어나
서울에서 학교를 나온 아들이
서울 말고는 생각해 본 적도 없는
아들이
서울 사람이라고 말 못 하는
아들 현제에게
너도 무사히 서울 사람 되라고
내가 산 서울 모두를 주고 싶다

때로는 바다처럼

바닷고기가 민물에 들어와
왕질 하는 걸 본 적 없습니다
강으로 올라와 알 까고 가는 고기가
바닷고기인지 민물고기인지
아는 사람 잘 없습니다
강이 아무리 몸집을 불려도
바다에 가면 순한 양이 된다는 걸
모르는 사람 여기 아무도 없습니다

연못이 제아무리 커도
고래를 키우지는 못합니다
바다가 제아무리 싱거워도
강보다는 짜다는 걸
모르고 사는 사람 더러 있긴 합니다
그래서 세상이
니 맛도 내 맛도 아니라고 정의하고
때로는 바다처럼
때로는 강처럼 사는 사람
언제나 있습니다

강이 말합니다

강은 줄기의 가장 낮은 곳에다 집을 짓고
뒤따라온 강이 동네를 만듭니다
달과 별이 제비꽃과 소쩍새가 제자리를 지키며
피고 지는 세월만큼
깊어지고 푸르러 가는 강
하루 노동을 끝내고
강에다 부은 발을 담그면
왜 강이 부풀기도 하고 쓰러지기도 했는가를
알 수 있습니다
사람 사는 일도 저 강과 같아서
낮은 곳에다 마음을 내리고
새끼를 쳐서 나라까지 세웁니다

왜 사람들이 커지기도 하고 작아지기도 하는가를
강이 말합니다

길이 가자는 대로

산이 강을 키우는 동안
강은 산을 품에 안고 흐릅니다
산이 내린 골짜기가 강이 되고
강이 밀어 올리는 물소리가 만나
나무와 풀과 꽃이 되어
계절을 만들고
비와 눈보라를 날리는
길이 됩니다

길이 가자는 대로
사람들은 산 밑에다 집을 짓고
강 근처에서 논밭을 일구어
산이 되기도 하고
강이 되기도 합니다

5부

삶이 여행처럼

나이 먹을수록

나이 먹을수록 멀어지는 게 친구다
더는 잃을 것조차 없을 때
내가 얼마나 외로운 존재였는지
홀로 서는 세상이 왜 빈 들처럼 쓸쓸한 건지
깨닫게 된다
무슨 일 있어도
내일은 소식 끊긴 친구 하나
찾으러 가야겠다
만나면
내가 무심했다고
다 내가 못나 그랬다고
용서를 빌리라

삶이 여행처럼

삶이 여행처럼 호사한 거라고 느껴지는 날
낯선 밤을 맞는 여행처럼 설레이는 날
나는 못나게도
짐을 내리면서부터 돌아갈 일을 걱정한다
오늘 따라 왠 별이 저리도 많이 뜬 거냐고
혼잣말 하면서
불러 낼 친구 하나 없는 나를 발견하고
헛기침 같은 지나간 날들을 헤어 본다

삶은 어디에도 있는 거라고
자신하지 못할 때
저 여행가방만도 못한 처지가
부끄럽다
지치면 돌아오는 것이 여행이다
인생도 그럴 수 있다면
저 여행가방을 만 번이고 다시 싸련만

우리 동네 사람들

엉컹퀴 뿌리가 만병통치라는 걸
질경이는 버릴 게 하나 없다는 걸
우리 동네 사람들은 모르고 살았다
텔레비전이 나오고
종편 어느 채널에서 건강 프로가 방송되고부터
엉컹퀴나 질경이가 좋다는 걸 알았지만
캘 사람이 도회지로 떠났으니
지천에 널린 게 엉컹퀴고 질경이다
우리 동네 사람들은
엄나무와 오갈피에 가시가 있다고
찔리면 약도 없다고 심지 않았다
그렇지만 아버지에 아버지가 그 위에 위에 위에
아버지가 동네를 떠나지 않고
독립만세도 불렀고
입영통지서가 나오면 씩씩하게 머리를 깎았다
월남전에 간 아들 때문에
대문에 태극기 꽂은 집도 여럿 있었다
엉컹퀴는 몰라도 질경이는 몰라도
우리 동네 사람들은
나라가 부르면 달려가고
허리 꼬부라지도록 알뜰히도 살았다

미시령

고개 하나 세워 놓고 산다
동해바다가 따라와 자꾸만 높이 올라간 고개
눈 속에 한 달은 갇혀야
그리운 고개로 남는 미시령
봄볕이 넘기도 하고
단풍으로 타다가
동해바다를 한 손에 쥐어도 본다

미시령을 말할 때
깊은 골짜기 몇을 지나왔냐고 묻지 말자
누군가가 지워 내지 못한 울음과
떨쳐 내지 못한 노래가
멀리 가지 못하고
나무가 되고 풀이 되고 계곡이 되어 사는 미시령

미시령을 넘을 때
서울에서든 속초에서든 오다가
자동차 시동 꺼져 본 적 있냐고 묻지 말자
사는 일이 그런 거다
급한 마음에 헤어야 하는 숫자도 잊어버리고
기진맥진하여 드러눕기도 한 날이

더러는 있는 거
미시령에선 아무 말도 말자
그저 넘기만 하자

서울 사람

아들아
서울서 태어나서 산다고 다 서울 사람 아니다
사직공원 벤치에 가을 햇살처럼
누워 본 적 있다고
북한산 둘레길 몇 번 걸었다고
서울 사람 아니다
한강 유람선이 뜨는 선착장이 몇 개인지 몰라도
서울 사람 맞다는 사실과
창덕궁 한 번 못 가 본
서울살이 50년도 억울할 것 없다는
그 말도 잊지 마라

이 애비가 말하는 서울 사람이란
서서 코도 베여 보고
빼줄 등골 서너 번은 가지고 사는 사람이다

서울말은 못 써도 촌뜨기 억양이
서울 사람 되려고
이 악문 세월을 너는 읽어야 한다
아들아

서울 사람 되려고
밥알을 눈물로 넘긴 아침과
별빛에 길을 묻던 애비의 밤을
기억해라
그리고
상경기를 쓴 누구나 이사 열댓 번은 다녔고
내 이름 문패 단 집 한 번 가져 보려고
너의 아버지가 너의 삼촌이 고모가
서울 곳곳 길마다 뿌린 땀을 기억해라

서울 산다고 다 서울 사람 아니듯
아들아 너 지금
서울 하고도 한복판인 사직동에서 아침을 먹고
저녁이면 잠도 자지만
너 아직은 서울 사람 못 되었단다

광화문 광장

"이게 나라냐"라는 말
이쪽에서 하던 구호를
이번에는 저쪽에서 합니다
어느 쪽에서 외치든
시대의 비명이고 아픔입니다
그래서 자라는 게 진실이고
되찾는 정의고
크는 게 민주주의라고 하니
한번 믿어 봅시다
저 세종대왕도 이순신 장군도
이조 정궁 광화문도
아무 말씀 않으시지만
이쪽이든 저쪽이든
이렇게 우리 한 시대를 나눠 갖는 겁니다

이건 아니라고 정말 아니라고
분하고 억울해도
나라 말아먹는 놈들과
멱살잡이 한 번 못하고
이놈들아 이 무지막지한 놈들아 외치다가

주먹눈물 버럭 쏟은 날이
어제 오늘 아니건만
이 넓은 광장에
내일은 누가 눈물 쏟을까요

너 살고 나 살자 상생판을 거두고
너 죽고 나 살자는 광장
이 광화문이 조용한 태평성대 언제나 올까요

마을회관

자식새끼 끼고 살 땐
어떻게 살아야 하나 걱정이고
지아비는 하늘에 먼저 보내고
아들은 대구로 서울로 보내고
딸은 지 서방에게 보내고
혼자 남아 하루가 세 낀지 두 낀지 모르는 지금은
어떻게 죽느냐가 걱정인 도금물 동네 아지매들
군에서 지어 준 마을회관에 모여
가을잎새 같은 수다를 흔든다

갑술년에 강물이 마을로 들이닥친
집채만한 큰물과
막걸리며 고무신 돌리던 자유당 선거와
4H운동한다고 동구 밖에 국기봉 세우다 고압선에
감전되어 200미터는 날아갔던 동수 형
다행히 논에 떨어져
발가락에 숨구멍이 뚫어져 살았다는 그 얘기
중동 갔다 돌아오니 부쳐 온 돈 싸들고
바람나 집 나간 살구나무집 며느리 얘기로
몇 순배를 돌리고 나면

골백번은 들었을 그 얘기가 지겹지 않은 건
무슨 조화일까

10원짜리 민화투보다 못한 외로움이
회관에 잠들 무렵
누군가가 돌리는 또 그 얘기
가을인가 봄인가는 모르지만
과외공부 한번 못하고도 판사 붙어 발표 나던 날
온 동네 사람들이 인물 났다며
바지춤이 흐르는지도 모르고
하루 점두룩 치던 꽹과리 소리가
지금도 들린다는 객쩍은 소리
현관을 지키는 밤

팔십을 넘겨
촌수며 항렬이 서열이 되지 않을 법도 하련만
민화투를 같이 쳐도
고구마를 같이 쪄도
호칭만은 어림없다며
영양 김가네로 시집 와서 쑥처럼 사는 아지매들
시고모하고도 한편 먹고 질부하고도 한편 먹는

민화투보다 심심한 패를 돌리면
이 편이 되어도 재미 없고
저 편이 되어도 흥이 안 난다

추억은 유령이 되어 마을을 떠돌고
회관엔 팔십 넘은 아지매들이
곰삭은 세월 이고 자는 아지매들이
10원짜리 민화투로 저녁을 만다
고구마 두 개와 물김치 반사발로
허한 가을밤을 만다

부부

내가 산이었을 때
당신은 강이었고
당신이 산이었을 때
나는 강이었다
이렇게도 우리 안 맞는데
주위에선 우리가 정반대라 외려 잘 산다고 한다
30년을 넘게 살다 보니
내가 산이 되면 강인 줄 알았던
당신도 산이 되고
당신이 산이 되면 강인 줄 알았던
내가 산이 되었다
누가 그림자고 누가 몸인지는 몰라도
우리는 잘만 붙어 산다

고사목

30호나 되는 동네에 칠십을 넘긴 남자라고는
돌석이 아제 혼자 남았다
말 붙일 사람도
추억 나눌 사람 하나 없다

심심하니까
소를 키우지 않는 빈 외양간을
하루에도 몇 번씩 들여다 보고
열리지 않는 살구나무를 건드려도 보고
헛간에서 늙어가는 낫이며 괭이를 꺼내
묻은 흙도 없는데 소매로 닦으며
"다 나 같구만"

돌석 아제는
비 오는 날 아니면 마을을 몇 바퀴는 돈다
어릴 적 미역 감던 재 너머 연못으로
가끔은 낚싯줄도 던지고
그나마도 시들해지면
옆 마을 주막으로 자전거를 몰았다

해마다 비어지는 집들이 늘어나고
무너진 집터에는
저절로 난 오동나무가
장농 하나는 만들어도 될 만큼 자랐다
시집 갈 처자도 없는데
오동나무는 잘도 자란다
더는 자랄 것 없는
돌석이 아제만 고사목이 된다

나루터에서

나루터에서 기다리는 시간을 배웠다
모래사장에서 비뚤어진 발자욱을 보았다
바로 걸은 것 같은데
그러지 못한 나를 보았다
강물에 빠지면 옷만 젖는 게 아니라
마음도 젖는다는 걸 았았다
강이 화를 내면 얼마나 무서운지
큰물이 질 때 몇 날을 지켜보았다
나룻배가 강을 건너는 게 아니고
강이 사람들을 건너게 한다는 걸 알았다
강이 제 몸 줄기를 바꾸면
10년의 세월이 간 걸 알았고
줄기를 뒤틀 때마다
울음을 숨기는 소를 만들고
소가 끝나는 곳에
고기들이 알을 낳게 자갈밭도 만든다는 걸
겨울 홀치기낚시 무렵이면
은어들이 말해 주었다

강은 나를 키우고
나는 강이 되어 세상을 흐른다

어느 날

어느 날 내가 더는 추억을 만들지 못하고
간이역 같은 지난 일들이나 꺼내고 살겠지요
늘 듣던 아침 닭 우는 소리와
밤 부엉이 우는 소리가
옛날 그 소리가 아니라며
공연히 들판 한 번 더 다녀 오고
헛간에 연장도 만져 보고
녹슨 자전거 바퀴를 돌리며
튼튼했던 두 다리를 기억하겠지요

예전만큼은 아니지만
잊지 않고 열매를 달아 주는
늙은 감나무가 고마운 밤입니다
예순세 해를 살다 보니
인생이 참 시시하다는 생각을 했습니다
바람 한 점 없는 오늘 따라
밤이 더디게 갑니다

홍수

낙동강에서도 노는 하천부지와
모래사장이 제일 긴 지치기 냇가를 넘어
동네로 동네로 큰물 지면
밀고 온 모래와 뽕나무와
집 짐승과 부서진 잠사의 가재도구가
논밭 여기 저기 동산을 만들었다
논둑이며 밭고랑을 지우고
큰물은 며칠이고 강이 되어
동네 사람들 마음까지 덮쳤다
그래도 우리 동네 사람들은
하늘이나 강을 원망하지 않았다

네 땅인지 내 땅인지 모를
경계마저 지웠지만
동네 사람들은 한 뼘도 안 틀리게
길을 찾아 내고 둑을 세웠다
포기도 빠르고 다시 시작하는 것에도
익숙한 우리 동네 사람들
논밭 정리가 끝나면
가을배추 씨를 뿌렸다

누가 심지도 않았는데
수마가 할퀴고 간 강변에는
임자 없는
달맞이꽃이 마을사람들의 뒷말처럼 무성했다

씩씩한 나무

꽃 피는 나무 옆에 선
열매 단 나무 옆에 선 무화과 나무
꽃 대신 열매 대신
키라도 커야 한다며 씩씩하게 자란다
공부 잘 하는 친구 옆에 선
운동 잘 하는 친구 옆에 선 변변찮은 나
내세울 것 찾아 평생을 돌아다니지만
저 씩씩한 나무만 보면 부끄럽다

푸른 집에게

예 열심히 이기십시오
난 또 지겠습니다
광우병 겁나 당신은 그 푸른 집에서
못 내려오시고
세월호 겁나 그 때도 못 내려오셨지요
설득하던지 용설 빌던지 아무 것도 안하시니
예 열심히 지십시오
난 또 이기겠습니다

분재

화원을 하는 후배가
소나무 분재 하나 놓고 갔다
관리 규칙을 일러 주고 갔지만
건성으로 듣고
내 계산대로 물을 주었다
그러기를 한 달 상태가 이상해지자
나는 후배에게 도로 가지고 가라고 했다
후배 왈
"선배님 분재는 강제된 나무예요"
"이 녀석의 울분을 알아주지 않으면 대들어요"
대든다는 말을 선뜻 알아듣지 못하자
"죽음으로 맞서지요"
"자신을 먼저 학대해서 보란 듯이
복수하는 거지요"
분재의 무서움에 나는 놀라며
"살긴 살까?"
"모르지요, 견딘 세월만큼 버틸 수는
없을 겁니다"

곶감

땡글땡글한 감으로
나무에 매달리더니
이제 더는 매달릴 세상 없어
놔 버린 세월이
분가루 대신 서리를 묻히고
언제 치울지 모르는
광주리에 앉아 있다
쭈굴 쭈굴한 저 얼굴
뒷방 할머니다

도금물

철이 바뀌면 화단의 꽃도 바뀐다
가는 봄을 아쉬워 말자
한 이백 년 살았으니
한 왕조는 못 되어도 너끈한 세월이다
영양 김씨들이 예천 용궁을 떠나 낙동강을 거슬러
지금의 도금물에 터 잡은지도 이백 년
저 잘생긴 마을 뒷산에
타성 산소 하나 없는 걸 감사하자
윗대 말에 의하면
장질부사가 심하던 그때
하회 류씨들이 이 곳으로 피접 나와
잠시 살다 갔다고도 하고
뒷산에 가마터가 있는 걸 보니
도기꾼들이 살던 도요지 갔기도 한데
흔적은 묘연하다
도금물이 천하명당은 아닐지 모르지만
사철 강이 푸르고
누에를 칠 밭과 기름진 문전옥답이 있으니
농사를 짓는 데는 그만이다

안동댐이 선 뒤 수몰민 몇 집이

우리 동네로 이주했다
구담다리가 놓여 살기가 훨씬 편해졌는데도
빈 집이 늘어 지금의 추세대로라면
우리 동네 도금물이란 화단은
모르는 꽃이 차지한다
30년 한 세대도 못 갈 것 같다

하심 下心

든 것이 없으니
내려놓을 것도 없는데

스님께서 이르신다
하심입니다
마음도 발자락도 들고 있는 이 세월도
무거운 날 옵니다
하심입니다

절은 산에 있고
나는 내려가야 한다

제천역

역마다 다 서는 완행을 타고
급할 것 없는 시간을 베고 누우면
어둠은 어디까지 가는 걸까
운 좋게 마주보는 앞자리가 비어
두 다리를 쭉 걸친다
차표에도 없는 좌석도 차지했으니
느리게 가도 억울할 것 하나 없으련만
오늘 따라 기차가 빠르다
단양쯤 왔다고 생각했는데
밖을 보니 제천역
가는 둥 마는 둥 내 마음만 완행이다
기차는 제 속도로 달리고

부르스

턴테이블엔 부르스만 얹으세요

사랑은 천사의 노래인가
아니면 악마의 속삭임인가
뱃고동 소리로 날 울린
항구 같은 여자야
마음도 다 못 주고
돌아서던 날
기약 없는 이별만
수평선을 넘었구나

낡은 LP만큼 추억도 늙어버린 날
남해에서 나는 바다를 산다
오 저 갈매기도 내 것
등대도 내 것
가물거리는 작은 배도 내 것이다

졸음 겨운 박자로
내 안에서 익어가는 노래
4분의 4박자 18마디 부르스가
흔들리며 바다를 건넌다

새

날지 않는 새는 가둔다
길들이지 않아도
사람과 몇 년을 살면 영물이 된다
날개를 조롱과 맞바꾼 그날부터
새는 사랑 받는다

조롱을 탈출한 새는 먹잇감이다
처음부터 조롱을 거부한 새는
날아다닐 하늘이 없다
그래서 가두어지기를 원하는 새들이
스스로 날개를 자른다

접과

형제 난 일어날까 봐
솎아 낸다
퇴고하면서 편집이다
버려진 낱말들이 나무 밑에 수두룩하다
거기 내가 있다
동의도 구하지 않고
세상에게 편집 당한 접과에
당당한 과원
일당 받은 누군가의 마음이다
이 꽃을 따내든 저 꽃을 따내든

폐교

어제 본 해 오늘도 뜨는데
마지막 남은 소사 김씨가 무언가를 치운다
무얼 정리하냐고 물으니
"저기 저 해요"
"네?"
"아 이제 아이들이 없으니
이 학교에 아침이 무슨 소용 있어요"
아이들이 그린 해 그림을 치운다
며칠 전 문 닫은 폐교 사택 화단
조팝나무만 열심히 아이들을 달고 산다

결론

한반도를 누가 남북으로 갈랐느냐고
밤새 논쟁 끝에
아무도 꼼짝 못하는 결론을 내렸다
힘자랑 하느라 미국과 소련이 그랬다
일본이 조선을 먹어서 그랬다
아니다 전주 이씨들이 나라를 뺏겨서 그랬다
더 깊이 들어가면
이성계에게 나라를 바친 고려 때문이고
연개소문 아들들 때문이고
백제 의자왕 때문이고 신라 삼국통일 때문이다
이러다 끝없다고
이조에서 멈추는 게 맞다고 입을 맞추었다가
다 쓸데없는 과거지사며
통일 못하는 지금의 우리 잘못이라고
말문을 닫았다

역사논쟁의 적폐는 언제나 지금이다

— 해설 —

숲과 강의 이미지 변형의 정서

채수영
(시인, 문학비평가)

◆해설

숲과 강의 이미지 변형의 정서
- 김병걸의 시 -

채수영
(시인, 문학비평가)

1.프롤로그-시의 고향에는

시를 읽은 최종 목적지는 정신의 문제로 귀착된다. 시인의 삶을 읽을 수 있고, 어떻게 오늘을 살고 또 어떤 지향의 공간을 생각하는가의 요소들이 총체적으로 조감鳥瞰된다. 다시 말해서 그가 태어난 고향이라거나, 오늘을 살고 있는 표정 그리고 나이의 추이에 따라 사고의 층위層位가 드러날 때, 시인의 정신은 모두 투영되는 풍경화가 그려진다. 시는 결국 경험의 요소들을 수용하여 변형하고 변화로의 개입에 따라 마침내 개성이라는 특성을 그리는 자화상이 된다면, 이를 심리학적인 말로 정리하면 경험의 변형이라는 점이 예술의 본령을 이루는 본질적인 요건이 된다는 뜻이다. 시의 고향은 곧 정신의 고향을 의미할 수도 있다는 가정에서 예외가 아닐 수 있을 것이다.

시는 본질에서 전이轉移 양식이라고 아리스토텔레스는 말했다. 다시 말해서 미지未知의 것을 기지既知의 것으로 옮겨놓기의 형태는 곧 경험의 축적을 은유와 비유 장치로 바꾸면서 유추의 줄기를 만들어 나가는 작업일 것이다. 이런 현상의 본질은 시인의 정신을 이루는 고갱이일 뿐만 아니라 미지의 숲으로 들어가는 근원을 만드는 상상력의 작업이기도 하다. 물론 상상력의 기저基底 위에 시는 항상 기지既知에서 미지未知에로 독자를 인도하는 임무가 본령으로 주어지기 때문이다. 여기에서 오늘과 내일을 가교假橋로 연결하는 체험-어린 시절의 경험을 기지로 부르고 앞으로의 길은 미지로 설정되는 시적 인식의 출발이 나타난다.
　도시의 정치精緻한 모습이 그려지는 사람의 시에는 차갑고 이방異邦적인 정서가 자리 잡는다면 어린 시절 농촌의 전원 정서에 익숙한 경험을 가진 시인의 경우는 식물성 정서 즉 푸른 숲과 꽃들과 실개천이 흐르는 혹은 강나루의 경치는 평생 떠나지 않고 마음을 지배하는 요소로 작동되면서 오늘과 결합할 때 그 시인의 정신 풍경은 꾸밈없이 다가온다.
　시묶음을 일별하면서 느낀 김병걸의 인상은 고향-안동댐이 만들어지는 풍경을 경험했고 이로 인해 폐교가 떠오르고 어린 시절의 추억이 저변을 장악하고 여기서 그의 시는 길을 재촉하고 있다. 다시 말해서 숲과 강을 정서의 근원으로 삼고 있으며, 지금은 서울의 중심부 사직동 근처에서 서울 출신의 아내와 아들과 어울리는 정경이 호사롭다.

추렴은 재미 없어
편화투로 닭치기하면
살금살금 눈 오는 겨울밤
한 길 넘는 큰 눈이 새벽까지 내려
죽령도 문경새재도 버스마저 끊기고
기차는 영주 지나 단양까지 갔겠네
부엉 부엉 부엉이가 울 적이면
인간사 얼마나 어둡은 거냐고
부엉이가 우는 밤이면
도란도란한 마을에 등불도 꺼지고
들판이 끝나는 곳에서 겨울이 깊어 간다
낮게 사는 사람들의 세상이 눈처럼 희다
- 「부엉이」 전문

  어린 시절의 경험이나 체험은 평생을 지배하는 요소로 떠나지 않고 오늘의 체험과 결합하여 그 자신의 정서를 만든다. '안동댐이 선 뒤 수몰민 몇 집이/우리 동네로 이주했다'「도금물」를 미루어보면 수몰되지 않은 다소 높은 공간의 한적한 농촌- 김병걸의 정서는 여기서 출발한다.

  눈은 소리 없이 세상을 덮고 그 따스함에 한가한 겨울밤을 지나는 정경이 따사롭고 아늑하다. 기차가 이미 지나 멀리 갔고, 밤 눈이 '살금살금' 내리는 때, 한가함을 이기려는 편화투로 왁자함과 대비되는 어둠을 부엉이가 밤길을 재촉하는 정밀靜謐 속에 '도란도란'과 어울리는 '살금살금'의 뉘앙스에서 거기 사는 사람들의 따스한 체온이 '눈처럼 희다'에 저장된 정신의 깊이는 우리네 잊고 살았던 먼 그리움의 풍경이 김병걸의 시적 모티브로 출발하는 진원지가 된다. 이를 기점으로 실강이 흘러 흘러 바다로 가고 또는 나무들이 어울려 숲의 울창한 공간을 지배하는 판도가 60대 후반의 시인에게는 여전히 떠나지 못하는 그리움의 진원-그의 시적 고향이 된다.

2.정신의 문법들

1) 진원지 탐색

도시는 치밀성에서 전율戰慄이 오고 과학에서 차가운 냉기를 갖는 삶을 다만 편리라는 이름으로 추구한다. 반면 아늑한 전원은 점차 텅 빈 공간으로 변하고 아파트가 위엄을 나타내는 일들이, 지금은 어디에서나 보편성이 되었다. 그러나 이로 인해 잃어지는 것들-인간미가 사라지고 도시의 편리에 매몰되는 인간의 감정은 점차 황폐의 숲에서 헤어나오지 못 하는 일들-- 도시화의 냉기로 가득한 징후徵候들이 끔찍한 사건의 유발이 날마다 진행형이다. 이 살벌의 원인이 정서의 고갈과 같은 일이라면 우후죽순의 사랑을 파는 종교시설 또한 이미 효용의 넓이를 상실했음은 편리便利를 추구하는 도시화의 원인이 될 수도 있을 것이다. 마음이 순후淳厚함은 환경과 밀접한 연관이 있음을 심리학적인 이유로도 말할 수 있을 것이다. 두 편의 시를 인용으로 삼는다.

시골버스가 왜 좋냐구요
똥 마려우면 내려도 주고요

줄무늬 개똥참외밭을 지날 적이면 세워도 줘요
탈 손님이 없어도 약방 앞이나
서는 데 아니어도
참기름 짜는 정미소가 보이거나
누군가가 일어설 기미라도 보이면
끼익하고 문이 알아서 열려요
서울에서 달리든 광주에서 달리든
도시버스의 문은 운전수의 것이지만
시골버스의 문은 승객의 것이죠
말하지 않아도 오라이
말하지 않아도 스톱

시골버스를 타고 한두 시간 쯤 가 보고 싶다
―「시골버스」전문

  서두를 것이 없고 한가하다. 시간에 쫓기는 것이 아니라 내가 시간을 조종하는 삶이 시골의 정서이다. 느리고 완만하고 기다림이 있는 정서이기 때문에 자연의 순화에 길들여진 삶을 산다. 다시 말해서 자연을 정복으로 삼는 이기적 사고가 아니라 포용하고 종합하고 자연에 순응의 방법-물 같이 흐르고, 구름같이 자유스러운 삶이 시골의 정서라면 김병걸의 정서는 그런 것을 그리워하는 마음이 바닥을 점령하고 있음이다. 이런 기저基底 위에서 그의 시는 킬갈히지 않고 탈속의 정서를 가졌기에 그의 시를 이해하는 일은 곧 그런 정서를 이해함으로 출발하게 된다. '똥마려우면 내려주고'의 여유는 누구나 이해하는 풍습이기 때문에 가능하고 정류장이 아닌 곳에서도 마음대로 내려주는-이 원칙이 없는 원칙은 그야말로 자연스런 인간

중심의 사고요 자연에 동화를 위주로 하는 넉넉한 생의 모습이다. 도시의 버스는 운전사의 것이고 시골의 버스는 승객이 주인행세-인간 중심의 체온이 따스하기 때문에 그리움을 키우는 물줄기가 된다. 그러나 떠나온 마음의 서글픔이 시의 마지막 구절에 시인의 애달픔 '시골버스를 타고 한두 시간쯤 가보고 싶다'의 소망이 그려진다. 이는 정서의 마지막에 간직된 그리움의 고향-김시인의 시적 모티브가 저장된 수원지이다.

> "도마 위 생선이 칼 무서워 하겠어요"
> 누가 그랬는지는 모르지만
> 또 왜 그 말 했는지는 내 알바는 아니지만
> 술타령에 엎어진
> 지린내 밴 이불 널린 대낮 주점
> 만만한 배포끼리 패를 짜서
> 뭔가 수작을 꾸미고 있다
> 얼핏 들으니 영농조합 일인 것도 같고
> 저들 중 누군가가 궁지에 몰린 모양이다
> 나하고는 아무 상관 없다며 돌아서려는데
> 아까하고는 다른 목소리
> "방구들이 뜨겁지 않으면 난로라도 피워야지요"
> 선문답 같은 저 소리가 몇 해는 갈 것도 같다
> 궁금하기도 하지만 왠지
> 내 처지를 두고 하는 말 같아서
> ―「주막」전문

체온이 섞이는 것이 주막이다. 막걸리 한 사발에 너와 내가 없이 그냥 어울리면서 한가락의 노래에 시련

과 애환을 실려 보내는 것이 주막의 풍경일 것이다

오늘날로 말하면 카페의 개념- 여기선 오로지 가까운 상대와 대화로 전달의 임무가 주어지지만, 주막에서는 인정을 섞어 마시는 너와 나의 교류가 이루어지는 공간이기 때문에 때로는 노름판에 패가망신-혹은 주모와 놀아나는 가정 파탄도 원인을 제공하는 일종의 교류 장소요 사교의 공간으로 역할을 다했던바, 사람이 모이는 혹은 아픔을 삭이고 위로하는 종합 서비스 기능과 사교의 임무가 주막이었다면 이런 정경을 보고 자란 김병걸의 정신에는 아득한 손짓이 돌아갈 수 없어 아련한 향수의 깃발이 있는 곳이다. '선문답 같은 저 소리가' '내 처지를 두고 하는 말 같아서'는 도시 속에 홀로된 정서를 의미하기 때문이다.

> 나이 들수록
> 큰 병원 옆에 살아야 한다는
> 서울내기 아내의 논리에 맞서기 싫어
> 산골 공기는 돈 주고도 못 사고
> 발 닿는 아무 데고 파면 물 나온다고
> 에둘러 고향 가자고 노래하면
> 봄꿈 같은 소리 말라며
> 서울내기 아내는 꿈쩍 않고 핀잔이다
> —「서울내기 아내」에서

서울내기 아내와 시골 출신 시인과의 사소한 정서적 충돌은 당연한 일이다. 왜냐하면, 정서의 근원이 다르기 때문이다. 그러나 시인은 그가 태어나 어린 시절을 보냈던 시골을 잊지 못해 아내에게 말하고 싶어도 결국 뒤로 물러서는 모습이 오늘날엔 흔한 풍경이다. '공기 좋고 인심 좋은' 한가한 시골은 도시인의 마음으로는 이해할 수 없는, 판소리에 처연한 속내를 숨기고 싶어 하면서 아들에게는 은근히 고향을 강조하는 의도가 이질성을 인식하는 삶을 나타낸다.

> 아들아 너 지금
> 서울 하고도 한복판인 사직동에서 아침을 먹고
> 저녁이면 잠도 자지만
> 너 아직은 서울 사람 못되었단다
>   -「서울 사람」에서

아내에게는 핀잔으로 물러났지만 가까운 아들에게만은 부탁 아닌 부탁을 하는 이유는 아들이기 때문에 통하리라 믿지만, 결과는 실망을 모를 리 없는 강변일 것이다. 이런 일들은 우리 사회의 보편적인 현상-오늘의 남자들의 모습이 오버 랩 된다. 결국, 어쩔 수 없이 물러나면서-나이든 오늘의 남정네들의 보편성이 그렇다.

2) 숲의 정서

미국의 삼림森林 시인 소로우는 웰든 숲에 살면서 도시가 아닌 자연에서 존재할 수 있다는 증명을 했다. 물론 이런 현상은 일찍이 언론 매체에서 '자연인'이라는 프로가 성행하는 것도 호기심과 추억을 장악하는 일면도 있지만, 순연히 산에 살면서도 얼마든지 행복-출연자들의 한결같은 일치의 말은 불편해도 산에 살면서도 행복하다는 말이 공통점이다. 문명을 벗어

나도 얼마든지 생존할 수 있다는 증거이기 때문에 그런 프로가 존재하는 이유일 것이다.

김병걸의 시는 온통 숲의 시이다. 숲은 나무라는 개체가 모여야 하고 여기서 서로의 존재가 우뚝할지라도 뿌리와 뿌리를 드렁칡으로 엉켜도 아무런 불평불만이 없이 살아가는 것이 숲의 이름이다.

숲은 근원으로의 회귀이기 때문에 포근하고 행복을 주는 공간으로 인간의 존재를 키우고 보듬는 이름이라는 뜻-김시인은 이런 정서를 시의 본질에 놓고 길을 재촉하는 행보가 부드럽다.

「숲 이야기1~10」까지와 「운동장」 등은 시인의 시적 본질이 무엇을 의미하는 가를-유추할 수 있는 작품들이다.

> 숲에는
> 큰 나무가 작은 나무와 사이좋게 산다
> 큰 나무가 작은 나무를 두들겨 패거나
> 작은 나무가 큰 나무에게 여간의 경우 말고는
> 대들지 않는다
> 서로의 영역을 허락하며
> 샅바 싸움을 하지 않는다
> 숲에는
> 큰 나무가 작은 나무와 사이 좋게 산다
> －「숲 이야기·3」 전문

공존은 인간이 추구하는 본질이다. 다시 말해서 너와 나의 존재가 평화롭게 삶을 구축할 수 있다는 것은 공존에서 가능하다, 이는 너와 나를 구분하는 칸막이가 아니라 어울리는 화목이 전제 될 때 이기심이나 질투 그리고 전쟁이라는 날카로운 비명을 멀리할 수 있는 목표에 이르는 일이다. 나무들이 어울리는 것 이외에 피나는 싸움이 있는 것도 아니고 질투로 죽임을 당하는 일도 없다. 봄에 나오는 싹이 다시 그 위에 새로운 교대식을 갖고 꽃을 피우면서 계절을 마감하는 일들이 숲의 모습이고 나무들의 존재 방식이다. 말로 평화를 외치는 인간과는 확실히 다르게 모든 것을 제공하는 공간이 숲이기에 시인은 이런 발상을 잘 알아서 '큰 나무가 작은 나무와 사이좋게 산다'로 숲의 정신을 알아차리고 있다.

'서로의 영역을 허락하고' '샅바 싸움을 하지 않는다'의 평화의 본질이 나무들에게 허여된 삶의 정도正道를 알려주는 교훈이지만 인간은 오로지 열매만을 탐하는 이기에 눈이 멀어 말로 평화를 부르는 위선의 껍질을 벗을 줄 모른다.

숲은 인간의 생존방식과는 전혀 다르다. 인간이 정도正道로 추구하는 것은 평화와 진리가 어울리는 목표에 등가等價를 추구하지만 이를 실천하지 못함에서는 인간과 숲의 생존은 확연히 다르다.

  숲에서 쫓겨나면
  막바로 풍찬노숙의 세월을 만난다
  헐벗기 싫으면
  어디엔가 수작을 걸어야 하고
  갑이 누구든 간에
  얼른 을이 되어야 한다
                            -「숲 이야기 · 2」 전문

진리란 너와 내가 등식을 같이할 때의 상식적인 이름이다. 너의 기준이 다르고 나의 기준이 다른 것이 아니라 보편성과 동일성에서 진리는 너와 나를 통합한다. 숲에서 쫓겨나면 '풍찬노숙'의 비극에 직면하기 때문에 슬픔이 온다. 숲이라는 공동체는 곧 정해진 공평의 룰이 있음- 질서정연하면서도 양보하고 다툼이 없는 공존의 터전이 만들어지는 공간이 숲의 이름이다. 숲은 갑으로 군림하는 것이 아니라 을이 될 때, 겸손의 존재는 평화를 이룩하는 숲의 공화국은 곧 진리의 실현장이 되는 셈이다.

  인간은 오만의 성을 쌓고 거기에 자기를 가두는 일상이 곧 이기적인 성주로 군림할 때 이미 파멸의 문은 열리기 시작하는바, 시인은 이런 일상 앞에 겸손의 덕목을 앞에 놓고 언어의 조립에 헌신한다. 숲은 단순한 자연현상을 뛰어넘는 비유가 생성되면서 모든 생명체를 아우르는 방법을 묵시적으로 말하고 있을 때, 찬탄이나 아름다움에 경외감을 느끼게 된다. 여기서 은유는 익숙하지 않은 것을 보다 익숙하고 친밀하게 혹은 알지 못하는 것을 친숙한 것으로 동화시키는 것이라 J.M murry는 말하고 있다. 우리 속담에 "숲이 있어야 도깨비도 모인다" "숲이 짙으면 범이 든다"는 숲과 관계망을 가진 속언은 그만큼 인간과 밀접한 상관을 의미한다. R.W. 에머슨은 "숲의 입구에 다다른 세상 사람은 크고 작고 현명하고 우매한 갖가지 세상사를 잊게 된다. 아울러 관습으로 가득찬 등짐은 없어진다"고 말했다. 숲은 결국 인간의 위안처라는데 동의하는 말들이다.

숲에서는
나무가 수명이 다했다고 말하지 않는다
앉아 있을 만큼 앉아 있었으니
나중 오는 누군가를 위해
자리를 내어 주는 것이다
사람만이 자리를 고집할 뿐
나무는 늙어 추한 모습을 안 보일려고
적당한 때가 오면
자리를 뜬다

-「숲 이야기·4」 전문

 이기적인 자리다툼으로 인간사는 싸움에 영일寧日이 없지만, 숲은 자기 땅이라는 팻말을 걸지 않고 양보와 미덕을 앞세우면서 살아간다. 모두 이웃이고 공존으로 꽃을 피우고 싹을 틔우면서 오로지 전체를 바라보는 숲의 실상이 전개될 뿐이다. 물론 숲의 깊이는 나무 한 그루에서 숲을 이룩하는 점에서 숲의 공화국은 평등과 자유가 깃발로 나부끼는 공간의 이름이 곧 숲의 아름다움이다. R.프로스트 또한 "이 숲이 누구의 숲인지 알듯도 하여라"처럼 눈 내린 숲에 아름다움을 가슴에 새기고 있다.

3) 나무

 「용비어천가」 제2장은 뿌리 깊은 나무는 바람에 아니 움직이기 때문에 꽃도 좋고 열매가 많다는 말은 심상尋常한 말이 아니다. 이는 진리이고 또 올바름을 말할 때는 나무 같은 곧은 심지를 강조한다. H.헷세도 "나무는 신성한 것이다 나무와 이야기하고 나무에 귀를 기울이는 것을 아는 자는 진리를 안다. 나무는 오로지 삶의 근본 법칙을 말해준다"「방랑」는 표현처럼 나무의 올곧음은 인간이 살아야 할 귀감으로 서 있을 때, 나무의 철학은 유용한 진리에 이른다.

  나무 밑을 보라
  거기 저를 매단 나무 품에서
  한 발짝도 떨어지지 않으려고 모여 있는
  낙엽을 보라
  눕거나 앉아 옆나무는 거들떠도 안 보는 저 낙엽들
  바람이 수시로 와서
  감언이설로 꼬드겨도
  한사코 제 자리를 지킨다

  끝내 거름이 되고져
  저를 키운 어미 나무에게
  죽어서도 온몸을 바치는 낙엽을 보라
  나무 밑을 보라
                -「나무 밑을 보라」 전문

  나무의 일생은 항상 그 자리에서 땅을 지키고 하늘을 지키면서 꽃을 피우고 열매를 달아 맛을 인간에게 전달하고 또 낙엽은 푸른 상상의 여백에서 마침내는 땅으로 떨어져 어미나무의 거름으로 산화하는 일생을 아름답게 마감한다. 멀리 하늘만을 바라볼 뿐 떠남이 없는데도 그의 일생은 임무를 수행하고 다시 반복으로의 일상을 지나간다. '감언이설로 꼬드겨도' 한사코 떠날 줄 모르는 나무에서 시인은 교훈을 얻는다. 지조志操이고 헌신을 알고 살아가는 나무의 일생이다.

또는 반포反哺의 은혜를 갚을 줄 아는 지혜는 변덕 많은 인간과는 얼마나 다름이 있는가, 시인은 '나무는 마을이다'「옹이」와 같은 동렬同列에 인간의 비유를 생성하고 질서의 개념이 어떤 것인가를 묵시적인 교훈으로 설법하는 나무의 철학이 된다.

> 가지가 저리 많아도
> 제 다리를 남에게 얹는 법은 없네
> 사이 좋게
> 햇살도 비켜 주고
> 바람도 내어 주고
> 동서남북 방향까지 지켜 주며
> 가지런히 크는 나무
> 각각의 하늘이 달라도
> 손 뻗을 땐 뻗을 줄 알고
> 안 보이는 뿌리까지 질서정연한
> 나무
>
> －「나무」전문

가지 많은 나무에 바람 잘 날 없다는 속담도 인간에게 '많음'이 무엇을 의미하는가를 깨우친다. '가지가 저리 많아도/제 다리를 남에게 얹는 법은 없네'에서 피해 없이 살아가는 자기고수의 지조가 남다른 나무의 표현이다. 물론 보이는 가지의 문제를 넘어 땅에 뿌리 또한 저마다 자기의 길을 알고 생명을 키울 뿐 결코 다른 나무를 해하는 법이 없음에서 충만한 삶의 영역이 개척된다. 나만을 위한 욕망으로써 이웃 나무를 해침이 없을 때, 나무에게는 나무만의 진리가 인간에게 엄한 교훈을 전달하고 있음이다.

시인이 나무와 숲에 관심을 갖는 것은 곧 식물성 정서가 전원의 정서와 일맥상통함을 의미한다. 이는 어린 시절의 체험이 평생을 지배하기 때문에 그의 태생적인 일들이 연결고리를 갖고 비로소 시로 싹이 나오는 이치와 대입된다. 식물의 정서가 많다는 것은 성품에 정적靜的인 특성을 의미한다. 다시 말해서 다이내믹한 성격이 아니라 사고의 폭이 온화하고 내성적인 가능성이 클 때, 자연현상-꽃이나 나무들이 시적 구성원으로 등장한다. 물론 이런 유추는 정확한 것은 아닐지라도 대체로 환경이 정신을 지배하는 이론에서는 그렇다.

4) 강

김시인의 시집에는 숲과 강이 많은 빈도로 등장한다. 이 또한 어린 시절의 체험-그가 살아온 환경적인 요소가 의미를 키우는 현상일 것이다. 숲에서 발원한 물은 실개천을 이루고 실개천은 일정한 강으로 합류하여 더 큰 강이 되고 강물은 다시 바다로 지향할 때 -인간은 그 강에서 갈증을 위로하고 숲에서는 푸른 공기를 마시는 생명의 진원지가 강과 숲으로 이름을 알린다.

시는 이미지 구축술이다. 동일한 이미지가 많은 것은 시인이 의식 지향을 가늠할 수 있음에서 성신의 추이와 상관이 있다. 숲의 이미지가 가장 많고 그 다음이 강의 이미지가 많은 편이다. 한마디로 강산江山 즉 자연의 이미지가 많다는 것은 앞에서 언급한 성품의 문제와 연결고리를 갖는다. 「홍수」와 「나루터에서」,

「강은 말합니다」,「길이 가자는 대로」,「때로는 바다처럼」,「강」,「나룻가」 등은 강에서 길이 이어지고 그 강은 다시 더 넓은 세계를 향해 물줄기를 키운다. 더불어 사람들의 문화는 모두 강에서 비롯되었음은 인간의 신체구조 ⅔가 물로 이루어진 근본은 물이 곧 생명이다는 가정이 성립된다. 다른 행성-화성에 물이 있는가 없는가를 찾으려는 노력도 결국 물이 있으면 생명이 살아갈 수 있다는 점에서 물은 곧 생명의 원천이기 때문이다.

 강은 10년마다 줄기를 바꾼다
 유속이나 굵기에 관계없이
 지도를 새로 그린다
 나는 강마을에서 자라 이 사실을 알고 있다
 헌데
 나는 왜 단 한 번도 나를 바꾸지 못하는 걸까
 흐를 줄 몰라서일까
 깊이를 가지지 못해서일까

 줄기를 가진 강도 못되면서
 갈지자로 떠밀려가는 나
             -「강」 전문

 강은 길을 만든다. 얼마쯤 흐르다 보면 새로운 곳으로 흐름을 이어간다. 여기서 모든 문명은 강과 연결되고 또 생명의 진화 또한 물에서 비롯된다. 물이 있는 땅은 생명의 땅이고 없으면 불모의 사막이 된다. 역시 땅과 같이 물은 모든 것을 가림없이 수용하는 점에서 구분이 없고 시간과 비례하여 스스로를 정화하고 순화한다. 10여 년의 시간이면 강산이 바뀐다는 말도 물길이 10년쯤이면 새로운 길을 만들어내는 결과를 상징한다. 시인은 이런 이치를 '새로운 지도'로의 길이 만들어진다는 설명이다. 그러나 강의 변화와 달리 자신의 무 변화에 탄식하는 마음이 시의 줄기를 형성하면서 머물지 않고 자기 정화의 길을 닦아 나아가는 수행자의 선한 모습이 겹쳐진다. 강의 흐름을 나의 교훈으로 받아들이는 넓이의 마음이 심지心志로 작동될 때 그의 시는 교훈적인 팻말이 걸린다.

> 연못이 제아무리 커도
> 고래를 키우지는 못합니다
> 바다가 제아무리 싱거워도
> 강보다는 짜다는 걸
> 모르고 사는 사람 더러 있긴 합니다
> 그래서 세상이
> 니 맛도 내 맛도 아니라고 정의하고
> 때로는 바다처럼
> 때로는 강처럼 사는 사람
> 오늘도 있습니다
> ―「때로는 바다처럼」에서

바다는 바다의 특징이 있고 강은 강으로의 특성이 있다. 그러나 바다와 강은 서로 배척함이 없을 때, 때로는 바다의 물고기가 강으로 올라와 산란을 하고 다시 바다로 가는 것이나 강에서 바다로 살림을 꾸리는 경우가 서로 교호交好작용으로 보완된다. 배척이 없을 때에도 바다는 바다의 짠맛의 특징이 있고, 강은 강으로의 특성이 있다. 서로의 크기에 따라 생명을 키우는 점에서는 공통성을 가지고 있어 공존의 특성-김병걸의 시적 여백에는 공존이 특징으로 자리한다. 이는 휴머니즘을 실천하는 덕목이면서 인간애를 나타내는 면모를 보여주는 시적 특징이 될 것 같다. 이런 현상은 다음 시로 더욱 명백해진다.

> 산이 강을 키우는 동안
> 강은 산을 품에 안고 흐릅니다
> 산이 내린 골짜기가 강이 되고
> 강이 밀어 올리는 물소리가 만나
> 나무와 풀과 꽃이 되어
> 계절을 만들고
> 비와 눈보라를 날리는
> 길이 됩니다
>
> 길이 가자는 대로
> 사람들은 산 밑에다 집을 짓고
> 강 근처에서 논밭을 일구어
> 산이 되기도 하고
> 강이 되기도 합니다
> 　　　　　　　　　－「길이 가자는 대로」 전문

　강과 산은 서로 어울린다. 왜냐하면, 강의 진원은 숲에서 물이 고여 실개천을 이루면서 바다를 목적지로 하기 때문이다. 여기서 '강은 산을 안고 흐릅니다'의 보완적인 순리가 작동된다. 강은 순리로 흐르지 절대로 역류하는 법이 없는 이치에 이르면 교훈은 강에서 얻는 또 다른 의미역을 형성한다. 더불어 「강이 말합니다」에서 강이 아래로 흐르는-낮은 곳으로 흐르는 겸양과 겸손의 품성이 드러나는 상징도 배우게 된다. 이는 노자의 상선약수上善若水-가장 선한 것은 물과 같다에 이르면 물은 교훈만이 아닌 넓이의 비유로 살아난다.

3.에필로그-숲에서 출발한 강물길 따라

김병걸의 시는 비유의 신선함이 상상의 길을 넓히고 있어 매우 삽상颯爽한 인상을 남긴다. 이는 아이러니와 풍자 혹은 비유의 의상이 화려하고 의미의 구축이 선명한 이미지로 시의 표정을 만들고 있다. 더불어 김병걸의 시는 고향의 정서가 기저基底를 형성하면서 숲의 푸름이 만물을 포용하는 일면 물길을 만드는 시원始原- 강으로 이어지는 정서가 한결 유장悠長하다. 강은 생명을 키우는 소임所任을 다하고 시적 역설(paradox)로 사회의 문제를 분석하는 탁월성은 인상적인 시의 위의威儀에 화려한 의상衣裳을 자랑할 수 있는 그런 시인-김병걸의 시적 특성이다.

◆ 후기

아플 틈도 없이 살았는데
덜컥 속살 어딘가를 떠어내며
잊고 산 시를 생각해 냅니다
왜 하필 여기냐고 속상했지만
이만큼 온 것도 어디냐고 감사하면서
내가 세상에 내어 놓을 말이 무언지를
짚어 봅니다

아무 것도 입지 않은 맨살의 언어로
시를 만나고 싶었습니다
시가 얼마나 어려운가에 아파하면서
우스운 내 삶을 감추고 싶지는 않습니다
얼마나 더 진지해져야 하는가를
고민해 봅니다

매달 4일과 9일에 장이 서는 구담다리를 건너
신성들 지나 강나루가 있던 도금물이
내 자란 고향입니다
저녁이면 칠흑이 되는 세상을
강처럼 머리맡에 두고
이승과 저승을 나룻배 타듯 건너는
우리 동네 사람들

지금은 옛말하며 살지만
가난이 서러웠던 시절
물난리에 익숙해야 했던 사람들의
보내지 못한 눈물을 쓰고 싶었습니다
이 저녁 홑잎 같은 이별이
소절 잊은 노래로 흐르다
비 되어 길을 적십니다

순수시선 598

도마

김병걸 지음

2019. 5. 1. 초판
2019. 5. 15. 발행

발행처 · 순수문학사
출판주간 · 朴永河
등 록 제2-1572호

서울 중구 퇴계로48길 11 협성BD 202호
TEL (02) 2277-6637~8
FAX (02) 2279-7995
E-mail ; seonsookr@hanmail.net

· 저자와의 합의하에 인지를 생략함
· 잘못된 책은 바꾸어 드립니다

ISBN 979-11-86171-94-3

가격 10,000원